Theologische Auseinandersetzung mit dem Denken unserer Zeit

Band III

Teil I: Umstrittener Glaube in unserer Zeit
Mit Beiträgen von
G. Maier, M. Pfizenmaier und W. Tlach

Teil II: Gelebter Glaube in einer umstrittenen Welt
Mit Beiträgen von
M. Dieterich, R. Hauber,
H. Hellenschmidt und Th. Pola

Hänssler-Verlag
Neuhausen-Stuttgart

CIP-Kurztitelaufnahme der Deutschen Bibliothek

Theologische Auseinandersetzung mit dem Denken unserer Zeit. –
Neuhausen-Stuttgart: Hänssler
Erscheint unregelmäßig
Bd. 1 (1983) –

ISBN 3-7751-0966-8
Theologische Auseinandersetzung mit dem Denken unserer Zeit,
Band 3
Bestell-Nr. 57 353

Umschlaggestaltung: Heide Schnorr von Carolsfeld
Gesamtherstellung: Ebner Ulm

Inhaltsverzeichnis

Vorwort

Die beiden ersten Bände dieser Reihe wurden positiv aufgenommen und haben uns Mut gemacht, mit diesem dritten, bisher umfangreichsten Band die Reihe fortzusetzen. Für den Leser ist die Übersichtlichkeit dieses dritten Bandes dadurch gewahrt, daß die Beiträge um zwei thematische Schwerpunkte gruppiert sind, aber auch *der* Leser wird Gewinn haben, der nur *die* Beiträge liest, die ihn unmittelbar interessieren.

»Es ist Aufgabe einer Theologie, die sich nicht im ›Elfenbeinturm der eigenen Wissenschaft‹ versteckt, die Auseinandersetzung mit dem Denken ihrer Zeit zu führen« (Band 1, Einführung). Die Herausforderungen unserer Zeit erstrecken sich über das Denken hinaus auch auf seine Konsequenzen, zielen nicht nur auf eine denkerische Durchdringung, sondern auf die Folgen dieser Arbeit: auf das Handeln.

Innerhalb des Hauptteils »Umstrittener Glaube in unserer Zeit« stellt das Verhältnis von Glauben und Denken den Gegenstand des ersten Beitrages dar. *W. Tlach* stellt das theologische Denken als ein Charisma heraus, das als Dienst in der Gemeinde Jesu zu verstehen ist. Jeder Christ, der nicht Zeit und Gelegenheit zu gründlichem theologischen Denken hat, sollte davon profitieren. *M. Pfizenmaier* weist auf, wie der Anspruch der Wunder Jesu auch heutzutage durchgehalten werden kann. *G. Maier* hebt hervor, daß sich die Bibel als Grundlage für Glauben, Denken und Leben auch in unserer Zeit bewährt.

Im zweiten thematischen Schwerpunkt »Gelebter Glaube in einer umstrittenen Welt« stellt *M. Dieterich* eine Zusammenfassung und Vertiefung des Ansatzes dar, der vom Autor bereits in einer längeren Abhandlung vorgeführt worden ist (Psychologie contra Seelsorge?, Neuhausen-Stuttgart 1984): den Versuch, eine Lösung für die Schwierigkeit der Beziehung von biblisch orientierter Seelsorge und wissenschaftlicher Psychologie zu finden.

Der gelebte Glaube wird sich heute vor allem dort bewähren müssen, wo er einem Angriff auf gesellschaftliche Institutionen, wie z. B. Kirche, Staat und Familie, zu widerstehen hat. Im Bereich der Familie wird dies unter anderem mit dem Stichwort »Ehe ohne Trauschein?« umrissen. Dieser Frage geht *H. Hellenschmidt* in seinem Beitrag nach; *R. Hauber* und *Th. Pola* führen systematisch-theologisch und biblisch-weisheitlich mit ihren Beiträgen »Das Mandat der Ehe bei Dietrich *Bonhoeffer*« und »Die Frau in der Weisheit« weiter.

Mit dem Aufsatz »Die Zwei-Reiche-Lehre Martin LUTHERS und die ethischen Konsequenzen« weist *H. Hellenschmidt* für den Bereich des Staates nach, daß es nach dem paulinisch-lutherischen Verständnis keinen »christlichen Staat« geben kann. Dies wird zu einer befreienden Orientierungshilfe für den Christen als Staatsbürger, der hier und heute seinen Glauben lebt.

Der Aufsatz von *W. Tlach* wurde erstmals veröffentlicht in den Informationen der Evangelischen Sammlung in Württemberg (Sept. 1982); die Aufsätze von *R. Hauber* und *Th. Pola* sind der »Dankesgabe für Martin Pfizenmaier. Beiträge zum Thema Ehe aus Geschichte und Gegenwart. Dargebracht von den Studenten des Albrecht-Bengel-Hauses« (hg. von B. Stockburger im Selbstverlag, Tübingen 1982) entnommen. Der Artikel »Ehe ohne Trauschein?« *(H. Hellenschmidt)* erschien erstmals in dem Magazin »Schritte« (1/83). Wir danken der Redaktion der Evang. Sammlung in Württemberg, dem Herausgeber des Magazins »Schritte«, Pfr. *U. Parzany*, sowie cand. theol. *B. Stockburger* für die freundliche Genehmigung zum Wiederabdruck der Artikel.

Unser Dank gilt darüber hinaus den Referenten und Autoren

Prof. Dr. Michael Dieterich (Fachbereich Erziehungswissenschaft der Universität Hamburg), Kernen i. R.,

Vikar Reinhard Hauber, Tübingen,

Pfr. Hansfrieder Hellenschmidt, Filderstadt-Bonlanden,

Rektor Dr. Gerhard Maier (Albrecht-Bengel-Haus), Tübingen,

Pfr. Martin Pfizenmaier, Tübingen-Kilchberg,

wiss. Assistent Thomas Pola (Evangelisch-Theologische Fakultät der Universität Tübingen), Tübingen-Kilchberg, und Dekan i. R. Walter Tlach, Herrenberg-Gültstein, für ihre Beiträge zu diesem Band.

Der Herausgeberkreis

Teil I: Umstrittener Glaube in unserer Zeit

Walter Tlach
Theologie – heilsnotwendig?

Martin Pfizenmaier
Das Verständnis der Wunder Jesu Christi

Gerhard Maier
Grundlinien eines biblischen Schriftverständnisses

Theologie – heilsnotwendig

Walter Tlach

»Im Kampf gegen den Intellektualismus nicht antiintellektuell!« John Stott

Der Stuttgarter Mittnachtsbau wurde nach dem 1. Weltkrieg in der oberen Königsstraße errichtet. Als kleiner Junge verfolgte ich seine Entstehung: Zuerst die bloßen Stahlträger vom Boden bis zum Dach – ein schreckliches Bild. So empfinde ich manche geistigen Konstruktionen, die von Theologen errichtet werden. – In manchen Tübinger Vorlesungen, etwa bei Karl Heim, sah ich jedoch nicht solche kalten Stahlträger vor mir, sondern – ich darf sagen: Bäume am Wasser. Meine oft angefochtene Studentenseele genas in den 45 Minuten im Audimax bei Heim. Später waren es Vorträge von Julius Schniewind, Gerhard von Rad, Leonhard Goppelt. Ein schwer faßbares Geheimnis liegt in der theologischen Arbeit. Ich will versuchen, es etwas zu lüften.

1. Die Verantwortung der theologischen Arbeit in unserem persönlichen Umgang mit dem lebendigen Gott durch unser Hören auf das biblische Wort und durch unsere Antwort im Gebet

Ich denke an drei Möglichkeiten:

1.1. Theologie als Anbetung

Ich höre immer wieder, in der östlichen Orthodoxie würden die altkirchlichen Bekenntnisse in erster Linie als Akt der Anbetung gesprochen. Diese Bekenntnisse, aus denen uns heute noch der Atem heißer Kämpfe um das geltende Dogma entgegenweht – nun Träger der großen Geheimnisse, die angebetet werden: Die Heilige Dreieinigkeit – der geschichtliche Akt der Menschwerdung des Gottessohnes in der Jungfrau

Maria (*et incarnatus est* [»und ist leibhaftig geworden«]: BEETHOVENS Missa solemnis läßt an dieser Stelle etwas davon ahnen) – die Innewohnung des Geistes: gegen Irrlehrer erkämpft – als Anbetung gesprochen. Ich gestehe, dazu finde ich kaum einen Zugang, so gewiß ich es an den großen Festen immer neu zu verstehen suche.

1.2. Theologie als geistige Freude

Anselm VON CANTERBURY[1] schreibt, er habe bei seiner theologischen Arbeit etwas Besonderes erfahren: *Deo delectari* (»von Gott erfreut werden«). Seine theologische Arbeit, deren mächtiger Moll-Ton jenes Wort über die Sünde ist (*nondum considerasti, quanti ponderis sit peccatum* – »Du hast noch nicht erwogen, von welcher Schwere die Sünde ist«[2]), und die daraus entstandene Satisfaktionstheorie, die biblisch nicht tragbar ist, atmen Anbetung und Freude an Gott. Auch diese Ehe von Scholastik und Mystik ist für mich nicht leicht zu fassen.

1.3. Theologie als Antwort auf Anfechtung

Am Schluß des Sommersemesters 1953 gewährte mir der damalige deutsche Zweig der Basler Mission, in dessen Auftrag ich als theologischer Lehrer am Wuppertaler Missionsseminar arbeitete, die Gelegenheit, das Missionsfest in Basel zu besuchen. Da bekam ich die unerwartete Möglichkeit, in der alten Basler Aula, hoch über dem Rhein, die Schluß-Sitzung eines Seminars von BARTH zu besuchen, in dem Helmut GOLLWITZER mitwirkte. BARTH hatte nachzuweisen versucht, daß leider schon von Martin LUTHER direkte theologische Linien zu Rudolf BULTMANNS Existenz-Philosophie führten, die Gerhard EBELING dann fortsetzte. Am Schluß der Sitzung meldete sich GOLLWITZER und sagte dem Sinne nach: Die Schwierigkeit, LUTHERS theologische Sätze zu einem größeren System zusammenzufassen, rühre vor allem davon her, daß bei ihm jede theologische Aussage zuerst die aus der Heiligen Schrift stammende Antwort auf eine Anfechtung gewesen sei. Nur wer

Luthers Anfechtung verstanden habe, könne ihn jeweils in seinen einzelnen Sätzen deuten. Nun war jeder auf die Reaktion von Barth gespannt. Er aber sagte: »Dies soll das Schlußwort sein«; er war tief getroffen. Dies gilt zu einem gewissen Teil auch für Barths Theologie. Ich habe zwar sehr schwere Fragen an Karl Barth, war aber erschüttert über den Bericht, den Eberhard Busch in seiner Biographie von der Nacht, in der Karl Barth gestorben ist, gibt.[3] Theologie als Antwort auf Anfechtung aus Schriftstudium und Gebet. Tentatio (Anfechtung) – meditatio (als einsames Schriftstudium) – oratio (Gebet); dann Theologie.

1.4. Theologie und Kritik

Die Kritik kann niemals der Ausgangspunkt der theologischen Arbeit sein, weder im Sinn des cartesianischen Zweifels noch im Sinn der Grenzziehung von Kant für die geistigen Tätigkeiten der menschlichen Vernunft. Jede wissenschaftliche Arbeit enthält zwar ein Element von Cartesius und Kant, aber dieses darf nicht der tragende Grund der theologischen Arbeit sein. Ich habe in meiner jahrzehntelangen Lehrtätigkeit (bis 1978) den Ausgangspunkt theologischer Arbeit mit dem Begriff »Ehrfurcht« zu umschreiben versucht: Die Ehrfurcht vor Jahwe ist das Kopfstück der Wissenschaft (Spr 1,7; Hi 28,28). Deshalb sage ich seit Jahren das fast zu harte Nein gegen die historisch-kritische Methode. Gerne beruft man sich zwar auf Jesu angebliche Kritik am Alten Testament (»ich aber sage euch«); doch ist dies nicht Kritik, sondern heilsgeschichtlicher Erfüllungsakt.

Einige Zitate zur Anfechtung bei Luther:

»Das Besondere der Anfechtungen Luthers dürfte ... darin bestehen, daß Luther die theologischen Fragen seiner Anfechtungen im Blick auf den Gottesbegriff mit rückhaltlosem Ernst durchlitt und durchdachte. Nicht die Art, wohl aber die Intensität der Anfechtungen und die theologische Reflexion über die durch sie bezeichneten Fragen sind bei ihm einzigartig.« – »Wie sind solche Anfechtungen zu bewerten? Muß man

Luthers Erfahrungen des göttlichen Zornes als pathologisch bezeichnen? Oder ließe sich sagen, daß das verbreitete In-den-Tag-hinein-Leben im Grunde eine furchtbare Illusion ist, mit der sich zu allen Zeiten die meisten Menschen über die Leere des Daseins und die Abgründe des Nichts hinwegtäuschen?«[4]

»Da wir vom Tod, der Sünde, den Häretikern angegriffen werden, habe ich mir vorgenommen, diese Epistel (1. Joh.-Brief) zu behandeln, damit wir uns gegenseitig trösten und gegen den leidigen Teufel beten ... und wir haben die Verheißung: Wo zwei oder drei (versammelt sind) ... so hoffen wir, daß wenn ich im Namen Gottes rede und ihr hört, der Herr gegenwärtig ist, wie ja auch der Satan.«[5] Man stelle sich vor: So denkt LUTHER über seine Vorlesung! (Im Herbst 1527, als die meisten Studenten wegen der Pest nach Jena umgezogen waren.)

2. Theologie als Charisma zum Dienst

In seinem Aufsatz »Der Dienst des Christen in der älteren Dogmatik«[6] weist Adolf SCHLATTER nach, daß in der lutherischen Dogmatik der Dienst des Christen nicht vorkommt. Übrigens: Wo erscheint der Dienst für Jesus in unseren Gesangbuchliedern? Bei ZINZENDORF: »Wir wolln uns gerne wagen ...« (EKG Württ 464) Aber auch die Dogmatik selbst, der systematisierende Teil der Theologie, ist – Dienst.

2.1. Das ethische Fundament

Klaus BOCKMÜHL hat in einem Aufsatz über das Fundament der christlichen Ethik den Schlüssel dazu, d. h. Matthäus 6,33, bei LENIN entdeckt![7] Dieser enthüllte 1920, in seinem ersten Gespräch mit Clara ZETKIN nach der Revolution von 1917, die Torheit deutscher Kommunistinnen, die sich angesichts des Kampfes auf Tod und Leben um den Sieg der Weltrevolution mit Sex-Problemen befassen: »Der erste Staat der proletarischen Diktatur ringt mit den Gegenrevolutionären der ganzen Welt. Die Lage in Deutschland selbst fordert die größte

Konzentration aller proletarischen, revolutionären Kräfte ... die tätigen Genossinnen aber erörtern die sexuelle Frage.« – »Das Proletariat ... braucht Klarheit, Klarheit und nochmals Klarheit. Deshalb, ich wiederhole es, keine Schwächung, Vergeudung, Verwüstung von Kräften. Selbstbeherrschung, Selbstdisziplin ist nicht Sklaverei, auch nicht in der Liebe.« So gehe es auch, sagt K. Bockmühl, in der ethischen Grundfrage des Neuen Testaments nie zuerst um das Problem »Was darf ich, tanzen oder nicht tanzen?« sondern darum: »Wie dient mein Leben dem Sieg meines Herrn, der Basileia, dem Reich Gottes, das angebrochen ist?«

2.2. Falsche und echte Fragestellung

Ob Theologie heilsnotwendig sei, dieses zu fragen ist ebenso falsch wie: Ist Diakonie heilsnotwendig? Paulus und Jakobus widersprechen sich in der Antwort auf diese Frage nicht. Wenn der Dienst zum Wesen des Jüngers gehört, dann müssen alle Gaben dazu verwendet werden, bei jedem wieder eine andere. Wie kann ich mich mit meiner Vernunft (eine der höchsten Gaben des Schöpfers, nur an sein liebstes Geschöpf, den Menschen, geliehen) für die Basileia, für Gottes Reich einsetzen? A. Schlatters letzte Bibelarbeit gab er den Stiftskandidaten im Oktober 1936 über die anvertrauten Pfunde (Mt 25,14–30): »Wer Jesus nicht dienen will, verliert seine Rettung und Bekehrung wieder, er geht mit seinem ichsüchtigen Glauben verloren.« Es gibt keinen Unterschied zwischen heilsnotwendigen Vorgängen und geistlichem Luxus. Theologische Arbeit ist nicht heilsnotwendig, sondern notwendige Entfaltung einer der vielerlei Gaben zum Wachstum des Christusleibes, ein Glied mit gleichem Rang. Das Charisma einer Mesnerin ist genauso wichtig wie das Charisma des Dekans auf der Kanzel; das Charisma der Putzfrau im Albrecht-Bengel-Haus hat dieselbe Würde wie das Charisma des Theologieprofessors an der Tübinger Fakultät. Der Heilige Geist hat zwei besondere Liebesbeziehungen: Zu den untersten Diensten einerseits und zur ordnenden, erleuchtenden, lichtausstrahlenden Klarheit der geheiligten Vernunft andererseits, die ihm dienen möchte.

Theologie – heilsnotwendig? Nein, dienstnotwendig. Theologie ist ein Charisma zum Dienst für den Herrn.

3. Die drei Ebenen der theologischen Arbeit

In mehreren Schriften, zuletzt in seiner Dogmatik[8], hat Emil BRUNNER auf die drei Ebenen hingewiesen, die dem theologischen Denken gegeben sind.

3.1. Das polemische Motiv

Nicht »Theologengezänk« sei das, sondern die »Abwehr der infektiösen Schädlinge durch den gesunden Organismus«. Dabei kann zwischen der innerkirchlichen Abwehr (im Zeitalter der allseitigen Toleranz nicht modern) und der Auseinandersetzung mit herrschenden außerkirchlichen Ideologien nie streng geschieden werden. Denn der Feind hat immer zwei verschiedene Methoden: Die Verfolgung von außen – die Verdunkelung des aus dem Evangelium kommenden Lichtes von innen (er verkleidet sich in einen Engel des Lichts; 2 Kor 11,14). LUTHERS Auseinandersetzungen mit der römischen, humanistischen, schwarmgeistigen Verdunkelung des Wortes vom Kreuz führten zu zahlreichen, großen Kampfschriften. Dabei staunen wir, daß LUTHER jedes taktische Denken ablehnte, weil er sich wie ein »blinder Gaul« führen ließ. Nie sagte er: Jetzt nur gegen Rom und ja nicht gegen die Schwarmgeister! Er stellte sich jedem Gegner der Botschaft vom Kreuz unmittelbar.

Daß gerade in seinen polemischen Schriften auch die evangelische Kraft steckt, wird deutlich in seiner Beweisführung für die 28. These am 26. 4. 1518 im Hörsaal des Augustinerklosters in Heidelberg: Diese These entfaltet er in wunderbaren Worten, von denen wenigstens zwei Sätze genannt seien. Durch diese Darstellung der Christusbotschaft wurde nicht nur eine tausendjährige Tradition, die von PLATO über AUGUSTIN in die Scholastik führte, abgebrochen, sondern zugleich entstand aus dieser Definition der Gottesliebe in dem gekreuzigten Christus auch eine Erweckung bei den Augustinern in Süddeutschland, die sich dann in unseren Reichsstädten tief ausgewirkt hat:

> *»Amor Dei non invenit sed creat suum diligibile, Amor hominis fit a suo diligibili.« – »... peccatores sunt pulchri, quia diliguntur, non ideo diliguntur, quia sunt pulchri. Ideo amor hominis fugit peccatores, malos.«* (»Die Liebe Gottes findet ihren Gegenstand nicht vor, sondern schafft ihn sich. Die Liebe des Menschen entsteht an ihrem Gegenstand.« – »... die Sünder sind schön, weil man sie liebt; nicht aber liebt man sie, weil sie schön sind. Darum flieht menschliche Liebe die Sünder, die Bösewichte ...«)[9]

3.2. Theologie als Tauflehre

Der Auftrag, die Taufbewerber, vor allem die Jugend, zu unterrichten, führte zu AUGUSTINS »Enchiridion«, zu LUTHERS beiden Katechismen und zu CALVINS »Institutio«, die ursprünglich als Handbüchlein zu LUTHERS Katechismus gedacht war. Es ist die Krönung aller theologischen Arbeit, wenn es ihr gelingt, die Botschaft den Kindern zu sagen. LUTHERS pädagogisches Genie kann man dem kleinen Abschnitt in der Deutschen Messe von 1526 entnehmen (O. CLEMEN, Martin Luther. Werke in Auswahl, Bd. III, Berlin 1966^6, S. 297–299).

3.3. Theologie als Zusammenfassung

MELANCHTHONS »Loci theologici« sind im evangelischen Raum ein Anfang dazu gewesen. Wenn die Tübinger Exegeten des Alten und Neuen Testaments heute von neuem versuchen, eine »Biblische Theologie« zu entwerfen, dann dienen sie, nach einer gewissen Auflösung der exegetischen Arbeit in eine Unsumme von Spezialforschungen, wieder dem Zeugnis der Kirche, die von den biblizistischen Versuchen von H. CREMER (1834–1903), M. KÄHLER (1835–1912) und A. SCHLATTER (1852–1938) lange zehren konnte.

Auf allen drei Ebenen ist es der Auftrag der Theologie, das Wort vom Kreuz zu umkreisen. So hatte es Karl HEIM gemeint, als er einem Studenten, der ihn verächtlich fragte, was er denn mit seiner ganzen naturwissenschaftlichen Arbeit bezwecke, antwortete: »Daß das Ärgernis an der richtigen Stelle sitzt.« Weiter kommt keine Theologie. Und wir achten auf LUTHERS Mahnung: »Es steht in Büchern genug geschrieben; ja, aber es ist noch nicht alles in die Herzen getrieben.« – An uns Theologen schreibt der Apostel Paulus in besonderer Weise: »Hab' acht auf dich selbst und auf die Lehre« (1 Tim 4,16). Dazu aus einem Brief von LUTHER an Johannes BRENZ in Schwäbisch Hall von Torgau am 28. 11. 1527: »Empfiehl uns, vor allem mich armen Sünder, deiner Gemeinde. Denn Satan ist auf mich losgelassen und versucht, mir mit seinen Machenschaften Christus zu entreißen im persönlichen Leben (*privatim*), nachdem er sieht, daß er mir öffentlich und im Bekenntnis zum Wort nichts entreißen kann.«[10]

(Anm. des Verfassers vom Juni 1984: Nach der Lektüre des Grafen ZINZENDORF (»Herzensreligion«) und des neuesten Buches von C. Fr. VON WEIZSÄCKER (»Wahrnehmung der Neuzeit«: zum Thema Theologie und griechisches Denken) müßte ich diesen Artikel jetzt anders schreiben.

Anmerkungen

1 Anselm von Canterbury (1033–1109), Scholastiker, verfaßte »Cur deus homo« (»Warum Gott Mensch geworden«), in dem er seine Satisfaktionstheorie entfaltet. (A. v. Canterbury, Cur deus homo – Warum Gott Mensch geworden. Lateinisch und deutsch, Darmstadt 1970[3]).

2 A. v. Canterbury, a.a.O., S. 74 f.

3 Eberhard Busch, Karl Barths Lebenslauf, München 1975, S. 515 bis 517.

4 Bernhard Lohse, Martin Luther. Eine Einführung in sein Leben und sein Werk, München 1981, S. 35 ff.

5 Heinrich Bornkamm, Martin Luther in der Mitte seines Lebens, Göttingen 1979, S. 502.

6 Adolf Schlatter, Der Dienst des Christen in der älteren Dogmatik, in: Ders., Zur Theologie des Neuen Testaments und zur Dogmatik. Kleine Schriften. Mit einer Einführung herausgegeben von Ulrich Luck, München 1969, S. 31–105.

7 Vgl. Klaus Bockmühl, Herausforderungen des Marxismus, Gießen/Basel 1977, S. 59–88 (»Die Ethik des Marxismus-Leninismus: eine Anfrage an die christliche Ethik«).

8 Emil Brunner, Die christliche Lehre von Gott, Dogmatik Bd. 1, Zürich 1972[4], S. 103–105.

9 Martin Luther, Werke. Kritische Gesamtausgabe (»Weimarer Ausgabe«), 1883 ff., Bd. 1, S. 365. Deutsche Übersetzung aus: H. H. Borcherdt/G. Merz, Martin Luther. Ausgewählte Werke (»Münchner Ausgabe«), Bd. 1, München 1963[3], S. 137.

10 O. Clemen, Martin Luther. Werke in Auswahl, Bd. VI, Berlin 1966[6], S. 213–214.

Das Verständnis der Wunder Jesu Christi

Martin Pfizenmaier

1. Ein kirchen- und theologiegeschichtlicher Überblick über das Verständnis der Wunder Jesu Christi;[1]

Die Wunder, die Jesus Christus nach dem Zeugnis des Neuen Testaments getan hat, erfuhren in der Geschichte der Christenheit immer wieder eine andere Auslegung und Deutung. Man kann die These von der Kirchengeschichte als der Auslegungsgeschichte der Heiligen Schrift[2] dahingehend abwandeln, daß man jene als eine Geschichte des Verständnisses der in der Heiligen Schrift berichteten Wunder und Zeichen bezeichnet. Es ist sowohl lehrreich als auch aufschlußreich, sich die einzelnen Standorte dieser Verständnisgeschichte vor Augen zu halten. Ins einzelne zu gehen verbietet der Rahmen dieser Abhandlung. Es kann sich vielmehr nur darum handeln, exemplarisch einige wichtige Standorte der Auslegung der Wunder Jesu Christi in Umrissen aufzuzeigen, um daraus Folgerungen für unser eigenes Verständnis der Wunder zu ziehen.

Unsere kirchen- bzw. theologiegeschichtlichen Überlegungen zum Verständnis der Wunder Jesu Christi dürften jedoch nur dann etwas austragen, wenn wir uns zuerst darauf besinnen, wie Jesus Christus selbst bzw. die Zeugen des Neuen Testaments seine Wunder verstehen. Von hier aus können wir in etwa erkennen, wie nahe – oder auch wie fern! – manche Auslegungen der Wunder Jesu Christi deren biblischem Selbstverständnis gegenüberstehen.

1.1. Das Verständnis der Wunder Jesu Christi im Neuen Testament

Die *Evangelien* berichten von verschiedenartigen Wundertaten Jesu Christi: Von Heilungen körperlich und seelisch Kranker (Mk 8,22 ff. und Mt 8,16), über die Befreiung von Menschen, die sich in schwere Schuld verstrickt haben (Joh 8,1 ff.), von Auferweckungen Toter (Mk 5,22 ff.), von Wundern im Bereich der Natur (Mt 8,23 ff.; 14,13 ff.).

Von Jesus Christus selbst erfahren wir, wie er seine Wunder verstanden hat und verstanden wissen wollte: In, mit und unter ihnen ist die verheißene messianische Zeit (Jes 35,5 f.), das Reich Gottes (Mt 12,28; Lk 11,20 f.) angebrochen. Hierfür sind die Wunder Jesu Christi die »Zeichen«. Gerade der vierte Evangelist gebraucht oft diesen Ausdruck für Jesu wunderbares Handeln (Joh 2,23 und öfters). Dabei ist auf die Formulierung »durch den Geist Gottes« zu achten, womit zum Ausdruck gebracht werden soll, daß Jesus Christus die Wunder nicht aus eigenem Willen und eigener Kraft, sondern aus der Kraft und Vollmacht, die ihm Gott verliehen hat, vollbringt. Darin unterscheidet er sich von den Wundermännern seiner Zeit.

Es wird zuwenig beachtet, daß bzw. wie die Zeitgenossen Jesu Christi seine Wundertaten beurteilten. Da sind die positiven Urteile: Es »glaubten viele an ihn« (Joh 8,30 u. ö.). Hierbei kann der Glaube einerseits die Konsequenz aus der erlebten Wundertat Jesu Christi sein, wie etwa Johannes 2,23 berichtet: Es »glaubten viele an seinen Namen, da sie die Zeichen sahen, die er tat«. Andererseits finden wir auch das Wunder als Jesu Antwort auf den ihm entgegengebrachten Glauben: »Er sprach aber zu ihr: Meine Tochter, dein Glaube hat dich gesund gemacht« (Mk 5,34).

Freilich gab es neben diesen positiven Antworten auf die Wundertaten Jesu Christi auch kritische Stimmen, die zeigen, wie diese Wunder mißverstanden wurden (Mt 12,38 f.; Joh 2,18). Da forderten Jesu Zeitgenossen ein Zeichen als Ausweis für seine Messianität. Dabei hatten sie doch genügend Zeichen und Wunder Jesu erlebt. Die Forderung nach Wundern im Sinne eines Beweises hat Jesus abgelehnt. Anders verhält es sich, wo ein Mensch im Zweifel nach einem Zeichen Ausschau hält: Es wird ihm gegeben – dem ungläubigen Thomas zum Beispiel (Joh 20,24 ff.), freilich mit dem nicht unwichtigen Zusatz: »Selig sind, die nicht sehen und doch glauben« (Joh 20,29).

Außer den positiven und kritischen Urteilen gegenüber den Wundern und Zeichen Jesu Christi finden sich nun aber auch die bewußt ablehnenden Sätze der Gegner Jesu Christi. Sie können zwar nicht bestreiten, daß er Wunder getan hat. Das hätten sie gewiß sofort getan, wenn sie nicht den Augenschein gegen sich gehabt und sich damit offenkundiger Lüge und demzufolge dem Spott anderer ausgesetzt hätten. Sie haben ja nach Argumenten gegen Jesus gesucht, um ihn in seinem Anspruch ablehnen zu können. Das Argument, er könne keine Wunder tun, stand ihnen jedoch nicht zur Verfügung. So kommt diesem Zeugnis für die Zeichen und Wunder Jesu Christi wider Willen erhebliches Gewicht zu! Es begegnet uns vor allem an zwei Stellen: Zum einen in Matthäus 12,22 ff., wo Jesus vorgeworfen wird, er treibe die Teufel durch den obersten der Teufel aus, womit zugestanden wird, *daß* er Teufel ausgetrieben hat. Zum andern berichtet Matthäus (27,42), daß Jesus am Kreuz mit den Worten verspottet worden ist: »Andern hat er geholfen und kann sich selber nicht helfen.«

Wir stellen fest: Alle drei Gruppen der in den Evangelien erwähnten Zeitgenossen Jesu Christi, die positiv, die kritisch und die ablehnend ihm gegenüber Eingestellten, anerkennen die Wirklichkeit seiner Zeichen und Wunder.

Auch in der *Zeit der Apostel* geschehen Wunder. Von Stephanus wird berichtet: »Stephanus aber, voll Gnade und Kraft, tat Wunder und große Zeichen unter dem Volk« (Apg 6,8). Die Zeichen und Wunder, welche die Apostel vollbrachten, waren im Unterschied zu denjenigen, welche Jesus getan hatte, *abgeleitete Wundertaten*. Dies kommt in der Formulierung zum Ausdruck: »Im Namen Jesu Christi von Nazareth . . .« (Apg 3,6). Jesu Wunder geschahen in der Vollmacht seines himmlischen Vaters; die Taten der Apostel geschahen und geschehen immer im Namen des lebendigen Herrn Jesus Christus, dem alle Macht gegeben ist im Himmel und auf Erden (Mt 28,18). Hinzu kommt in apostolischer Zeit noch eine weitere wichtige Erfahrung: Die Apostel vollbringen nicht nur Wunder im Namen Jesu Christi, sondern an ihnen selbst geschehen solche: Man denke etwa an die Befreiung des Petrus (Apg 12) und diejenige des Paulus (Apg 16).

1.2. Das Verständnis der Wunder Jesu Christi in der Alten Kirche

Betrachten wir als *erste* von zwei wichtigen Epochen in der Geschichte der Alten Kirche die *Zeit nach dem Auftreten Jesu Christi und seiner Apostel.*

Die Wundertaten Jesu Christi erfahren in dieser Zeit zahlreiche *ausschmückende Erweiterungen.* Gerade hierauf haben die Evangelisten des Neuen Testaments verzichtet.[3] In ihrer oft sehr knappen Schilderung dessen, was Jesus an einem Menschen wirkte, wollten sie allem Mirakelhaften entgegenwirken. Es kam allein darauf an, an den Heiland zu glauben, nicht darauf, an einem unbegreiflichen Geschehen staunend stehen zu bleiben.

Ein Weiteres kommt hinzu: Die Wundertaten Jesus Christi waren der *Erweis* seiner Gottessohnschaft. Jetzt werden sie zu deren *Beweis* gemacht. Worin besteht der Unterschied? Beim *Erweis* geht die Linie von oben nach unten; Jesus erweist sich als der Gottessohn; hier bleibt das Wesen der Offenbarung gewahrt. Im *Beweis* geht der Mensch von sich, von seinem Verstand aus, mit welchem er, auf Grund der Machttaten Jesu Christi, diesen als den Sohn Gottes beweisen will. Hier geht die Linie von unten nach oben; der Offenbarungsbegriff wird in seinem Kern aufgelöst.

Schließlich werden Jesu Wunder und Zeichen apologetisch, d. h. als *Waffe in der Verteidigung* der Christen gegenüber denen, die sie lästern und anfeinden, verwendet. Wundertaten, welche sich mit denen Jesu Christi vergleichen ließen, kämen in anderen Religionen nicht vor.

Fragen wir nach der Tendenz, welche hinter diesen drei Ausweitungen der Wundertaten Jesu Christi steht, so zeigen sich folgende zwei Aspekte: Man möchte *einerseits* anhand der Machttaten Jesu zeigen, daß er wirklich das Heil für die Menschen ist; *andererseits* soll die ethische Abzweckung der Wunder und Zeichen Jesu Christi deutlich herausgestellt werden, also der in ihnen beabsichtigte sittliche Ansporn für den Menschen, nach dem Guten und Vollkommenen zu streben.

Die *zweite*, für unseren historischen Überblick über die Alte

Kirche *wichtige Epoche* wird durch AUGUSTIN (354–430) repräsentiert. Er steht in gewissem Sinn stellvertretend für die Kirche der ersten Jahrhunderte und ist einer der vier Kirchenlehrer der katholischen Kirche bis auf den heutigen Tag.[4]

Für die Auffassung AUGUSTINS von den Wundern Jesu Christi sind zwei Grundgedanken bestimmend. *Zum einen* ist ein Wunder ein für den menschlichen Verstand unfaßbares Ereignis. Es ist schwer zu verstehen (lat. *arduus* = schwer verstehbar), und es ist ungewöhnlich (lat. *insolitus* = ungewöhnlich).[5] Weil das Wunder das Fassungsvermögen des menschlichen Verstandes übersteigt, kann es den Menschen wachrütteln. Solche aufrüttelnden Ereignisse kommen auch in der Natur, in Gottes Schöpfung, vor. Wundertaten im Sinne Jesu Christi läßt Gott allerdings nicht allzu häufig geschehen, da die Menschen sonst abgestumpft würden. Hingegen ist die Schöpfung voller Wunder für den, der Augen und Ohren dafür hat. *Zum anderen* wurde AUGUSTIN in seinem theologischen Denken sehr stark vom Neuplatonismus geprägt.[6] Auf Grund dieser Philosophie kann er sagen: Gott hat in die Schöpfung »Kräfte«, »Potenzen«,[7] gleichsam »Samenkörner« hineingelegt. Wenn ein Wunder geschieht, dann liegt die Auswirkung einer solchen »Kraft« vor, es ist ein solches »Samenkorn« aufgegangen. In Gott ruhen unzählige solcher Kräfte. Er kann sie jederzeit zur Auswirkung kommen, d. h. ein Wunder geschehen lassen.[8]

Wenn in diesem Sinne ein Wunder geschieht, so liegt ein göttliches Gnadenhandeln vor, im Unterschied zu den unter 1.1. im Vorhergehenden angeführten Wundern in der Natur, welche in dieser Weise nicht ein Gnadenhandeln direkt widerspiegeln.

Mit diesem zweiten Gedanken zum Verständnis der Wunder Jesu Christi wird deren Wesen *philosophisch* erklärt. Bei Thomas VON AQUIN (1225–1274) gelangt diese philosophische Erklärung des Wunders zum Höhepunkt.

Ziehen wir ein – gewiß nicht vollständiges! – Fazit: Mit AUGUSTIN wird die frühere Auffassung von Jesu Wundern weitgehend überwunden (vgl. die erste Epoche, die in diesem Abschnitt skizziert wurde). AUGUSTIN will die Wunder Jesu nicht ausschmücken oder als ein Mittel in theologischen Argumentationen einbauen, sondern er läßt sie so, wie sie berichtet werden. Er sieht die Wunder im größeren Rahmen der Schöpfung Gottes als besonderes Gnadenhandeln. Gerade als solches sucht er sie zu *erklären und zu verstehen*.

1.3. Das Verständnis der Wunder Jesu Christi bei Martin Luther (1483–1546) und in der Reformation

Man versteht Luthers Auffassung von den Zeichen und Wundern Jesu Christi nur dann richtig, wenn man die Wundersucht des mittelalterlichen Menschen in Betracht zieht. Dieser war geneigt, auf Grund des das ganze Leben bestimmenden kirchlichen Geschehens alles nur Mögliche als etwas Wunderbares zu verstehen; und er war wiederum geneigt, möglichst viel Wunderbares für sein Leben zu erwarten.

So ist es ganz im Sinne Luthers und seiner Rückbesinnung auf die Heilige Schrift (*sola scriptura* – »allein die Schrift«), wenn er die Wunder Jesu Christi streng an die biblische Auslegung bindet und – dies ist die Rückseite des sola scriptura! – mit dem Glauben des Menschen verknüpft (*sola fide* – »allein aus Glauben«). Von hier aus kann Luther folgende Grundgedanken entfalten:

Luther bejaht ganz und gar, daß die in der Bibel berichteten Wunder Gottes geschehen sind. Der *semper actuosus deus* (»immerzu handelnde Gott«) kann wohl solch große Dinge tun, die über den Zusammenhang der Natur und Vernunft des Menschen hinausgehen. Luther begrenzt jedoch die biblischen Wunder auf die biblischen Zeiten: Sie dienten *damals* der Stärkung des Glaubens. Viel wichtiger als der Blick auf das, was einst geschah, ist der Blick auf das, was Christus heute und jetzt in Vergebung und Glaubenserfahrung bei seinen Gläubigen wirkt.[9] Mehr als das äußere Wunder einer Heilung ist das innere, daß der Mensch glauben kann.[10]

Damit will Luther das Wunder keinesfalls spiritualisieren, d. h. vom Tatsächlichen in die Verinnerlichung hinein verlagern, was letztlich eine Verflüchtigung des Wunders bedeuten würde. An Luthers Auffassung vom Abendmahl wird deutlich: Die Gegenwart Jesu Christi im Abendmahl ist ein schlechthinniges Wunder! LUTHER spricht auch deutlich davon, daß der »immerzu waltende Gott« sein wunderbares Handeln in seinen Heiligen (*mirificatio in sanctis*) nicht aufhebt und dazu seine »Wunderleute« benützt.[11] So sehen wir bei dem Reformator, wie er den Blick des Christen von einer einseitigen Fixierung auf das einstige historische Wundergeschehen zur Zeit Jesu weglenkt und den Horizont dafür öffnet, daß derselbe Gott, der einst in Jesus Christus Wunder tat, auch heute wunderbar an seinen Kindern handelt.

1.4. Das neuzeitliche Denken und die Wunderfrage

Man kann wohl kaum die Bedeutung des Einschnitts in der abendländischen Geistes- und Kirchengeschichte überschätzen, der mit dem Namen und der Person René DESCARTES (1596–1650; französischer Philosoph und Mathematiker) verbunden ist. Mit DESCARTES beginnt eigentlich das neuzeitliche Denken. Typisch dafür ist folgender Grundgedanke: »An meiner Existenz kann ich nicht zweifeln; denn um daran zweifeln zu können, muß ich, der Zweifelnde selbst, existieren. Also: Indem ich denke (zweifle), bin ich. Cogito, ergo sum. Dies ist die gewisseste Erkenntnis, welche ich haben kann.«[12]

Was geschieht hier? Nichts anderes als dies, daß der Mensch selbst als das denkende – sich selbst denkende! – Wesen der Mittelpunkt der Erkenntnis wird. In seinem philosophischen System unterscheidet DESCARTES zwischen zwei Bereichen innerhalb der Welt, zwischen der denkenden Substanz, d. h. der Seele (*res cogitans*), und der ausgedehnten, nichtdenkenden Substanz, der Materie (*res extensa*). Diese Unterscheidung hat in unserem Zusammenhang, also hinsichtlich des Wunders, folgende Konsequenz: Es ist unmöglich, daß das Äußere (*res extensa*) zum Träger eines Geschehens wird, das für das vernünftige Sein (*res cogitans*) von Bedeutung ist. Wenn man das, wie es dann der Philosoph Baruch SPINOZA (1632–1677) tat, radikal ausformuliert, besagt dies nichts anderes als dies: Eingriffe der Gottheit sind Erweise der Unvernunft und Verwirrungen der göttlichen Notwendigkeit.

Hatte DESCARTES bereits den ersten grundsätzlichen Schritt

zur Auflösung des Wunders getan, so führte der englische Philosoph David HUME (1711–1776) noch einen wichtigen Schritt weiter. Ging es vor ihm im wesentlichen um das Problem des Wunders im Verhältnis von Gott und Natur, so bezieht nunmehr HUME die Geschichte mit ein: Damit wird die Glaubwürdigkeit der Berichte, welche die Wundergeschichten bezeugen, in Frage gestellt. Es war dann nur noch ein kleiner Schritt, den Samuel REIMARUS (1694–1778) vollzog, indem er die Zuverlässigkeit der Berichte von der Auferstehung Jesu Christi anzweifelte und in Frage stellte.

Wir sehen hier deutlich, wie es zu der bis heute anhaltenden kritischen Haltung (Kritizismus) gegenüber den in der Heiligen Schrift berichteten Wundern gekommen ist.

Einen Gegenpol gegen den von der Vorherrschaft der Vernunft bestimmten Kritizismus bildete Friedrich D. E. SCHLEIERMACHER (1768–1834): Er befürchtete eine Ausdorrung des christlichen Glaubens durch den theologischen Rationalismus. Im Menschen ist mehr als nur Vernunft, nämlich auch ein Gefühl für das Höhere, das Göttliche vorhanden. So setzte SCHLEIERMACHER bei der religiösen Erfahrung des Menschen ein.

Wie definiert er von diesem Ansatz her das Wesen des biblischen Wunders? Was wir als Wunder bezeichnen, ist der Name für eine religiöse Begebenheit, bei der die Beziehung eben dieser Begebenheit auf das Unendliche deutlich wird. Das religiöse Ich des Menschen erfährt diese Beziehung, weil jeder Mensch im Grunde ein Gefühl für Religion, für etwas Höheres und Besseres, für das Göttliche hat.

Von seiner Sicht aus kann SCHLEIERMACHER das Wunder durchaus akzeptieren, und er leugnet es nicht. Zwar hat er das Moment des die menschliche Vernunft Überschreitenden, des über sie Hinausgehenden festgehalten, das Moment also, an welchem sich der theologische Rationalismus stieß. SCHLEIERMACHER hat dies allerdings in das religiöse Gefühl des Menschen verlagert.

Die Entwicklung der Folgezeit ist von zwei großen Linien gekennzeichnet: Einerseits vom *theologischen Rationalismus bzw. Liberalismus* mit seiner kritischen Einstellung gegenüber dem biblischen Wunder, andrerseits vom *Pietismus*, welcher die Wunder der Bibel voll und ganz bejaht. Eine Position, welche zwischen diesen beiden Richtungen vermitteln möchte und welche in gewissem Sinn auf die theologische Konzeption von Karl HEIM (vgl. im folgenden) verweist, stellt die Position Wilhelm HERRMANNS (1846–1922) dar. Die Kausalität dieser Welt und die Wunder Gottes sind für HERRMANN beide vom christlichen Glauben her auszusagen, und zwar ohne Vermittlung. Eine solche ist weder nötig noch möglich. Keine Theorie kann sie herstellen, keine nimmt dem Christentum die Aufgabe der Zuversicht zu Gott ab, daß sein helfendes Wirken, welches über den Verstand des Menschen hinausgeht, eingreift.

1.5. Zwei wichtige Positionen zur Wunderfrage im 20. Jahrhundert

In den beiden großen theologiegeschichtlichen Linien, der liberalen und der pietistischen, finden wir jeweils den Versuch, dem Menschen des 20. Jahrhunderts den Glauben an die Wirklichkeit der biblischen Wunder zu ermöglichen, ohne dabei das Denken ausschalten zu müssen. Beide Seiten sind bemüht, falsche Anstöße zu beseitigen, welche sich dem Glauben an das biblische Wunder in den Weg gestellt haben. Es geht also beide Male um ein missionarisches Anliegen. Ob bzw. inwieweit dieses verwirklicht werden kann, ist eine andere Frage. Für beide, von ganz verschiedenen Voraussetzungen aus unternommenen Versuche sind die beiden Gelehrten R. BULTMANN und K. HEIM repräsentativ. Beginnen wir in chronologischer Reihenfolge mit dem älteren von beiden.[13]

Karl HEIM (1874–1958) hat sich intensiv mit den Naturwissenschaften beschäftigt. Man sagt, der Entdecker der Relativitätstheorie, Albert EINSTEIN, habe von HEIM gesagt, dieser sei der einzige, der die Relativitätstheorie wirklich verstanden habe. HEIM möchte die Ergebnisse der naturwissenschaftlichen Forschung des 19. und 20. Jahrhunderts für die Interpretation der biblischen Wunder fruchtbar machen. So ist er bis heute für diejenigen, welche vom naturwissenschaftlichen Denken und seinen Fragestellungen herkommen und ihre Bedenken gegen die biblischen Wunder anmelden, zu einem wichtigen Wegweiser, den man nicht übersehen sollte, geworden.

Die modernen Weltbilder sind höchst problematisch – zu diesem Schluß kommt HEIM, nachdem er sie alle sorgfältig untersucht hat. Sie gehen in ihrer Erkenntnismethode jeweils von ihren eigenen Voraussetzungen aus. Von hier aus müssen sie nicht nur verstanden, sondern auch – scharf! – kritisiert werden. Es zeigt sich, daß sie der von ihnen ausgesagten immanenten Festigkeit entbehren. An Stelle all dieser Weltbilder setzt HEIM das »*dynamische Weltverständnis*«.[14] Dies bedeutet: Wir leben als Menschen dieser Welt in den drei Dimensionen Welt – Ich – Du. Offen bleiben hierbei die Fragen nach dem Warum und nach dem Wozu. Gerade dieses Offensein der Welt ist wichtig, weil die Naturwissenschaften, aber auch die Religionen darauf aus sind, ein geschlossenes Weltverständnis aufzubauen. Das Offensein unserer Welt darf nicht als Preisgegebensein an die Irrationalität verstanden werden, sondern es meint das Offensein für die *Führungsvollmacht Jesu Christi*. Diese kennzeichnet den irdischen Jesus wie den verkündigten Christus. Anders ausgedrückt: der irdische Jesus und der verkündigte Christus – das ist ein und derselbe; es – er! – ist der Herr. Als Herr hat er eben jene Führungsvollmacht, die Vollmacht zu handeln. Aus ihr heraus geschehen seine Wunder.

Von hier aus kann nicht mehr von einem Widerspruch zwischen biblischen Wundern und naturwissenschaftlichem Denken gesprochen werden.[15] Unsere Welt ist eben nicht in der Weise geschlossen, wie es manche feststellen zu können meinen. In ihr Offensein hinein wirkt Jesus Christus, der lebendige Herr. Die Wunder bleiben in ihrer Faktizität stehen, sie sind aber zugleich Zeichen der Offenbarung Gottes in Jesus Christus, Zeichen seines Heilshandelns in ihm, Hinweise auf das bereits geschehene und auf das kommende Heil.[16]

Rudolf BULTMANN (1884–1976) kommt, im Gegensatz zu HEIM, sehr stark vom philosophischen Denken seiner Zeit, von der Existentialphilosophie her.[17] Diese ist zu dem bestimmenden Grundton seines theologischen Denkens geworden.

Bultmann geht davon aus, daß wir es im 20. Jahrhundert mit dem säkularisierten Menschen zu tun haben, dessen Weltbild dasjenige des Positivismus darstellt. Mit Positivismus bezeichnet man diejenige geistesgeschichtliche Bewegung, welche über die Erscheinungen hinweg keine eigentliche Wirklichkeit mehr gelten läßt. Genau so, sagt Bultmann, denken die meisten unserer Zeitgenossen. Deshalb finden sie zu den biblischen Wundern keinen Zugang und lehnen diese ab.

Von der Existentialphilosophie ausgehend sagt Bultmann zur Wunderfrage, daß es bei den Wundern der Bibel nicht darauf ankommt, ob sie geschehen sind oder nicht[18], sondern auf das, was anhand der Wunderberichte über unsere Existenz aufgedeckt wird. Es geht also um unsere existentiale Betroffenheit, die durch das im Wunder berichtete Heilsgeschehen zustande kommt.[19] Das Wunder ist hier gleichsam das Mittel, durch das etwas Grundsätzliches über die Existenz des einzelnen ausgesagt wird. Was wird nun ausgesagt und aufgedeckt? Es gibt einige Hauptpunkte in der menschlichen Existenz, die der Aufhellung und Aufdeckung dringend bedürfen, so etwa die Angst: Sie kommt in dem Ruf des Petrus »Herr, hilf mir, ich verderbe!« an den Tag. In den Wunderberichten über die Auferweckung Toter durch Jesus wird klar, daß der dem Tod verfallenen Existenz des Menschen eine neue Zukunft eröffnet ist. So haben alle Wunderberichte ihre ganz bestimmte »Bedeutung«. Diese ist, wie gesagt, von der Tatsache unabhängig, ob das betreffende Wunder in der berichteten Weise geschehen ist oder nicht.

Wir haben nach dem Wesentlichen dieser Auffassung von den biblischen Wundern zu fragen. In Bultmanns Wunderverständnis sind die Wundergeschichten insofern wichtig, als sie eine »Bedeutung« haben und ich durch sie in meiner Existenz »betroffen« bin. Nicht wichtig ist, ob die Wunder tatsächlich in der berichteten Weise geschehen sind.[20] Damit wird nach Bultmann ein Doppeltes erreicht: Zum einen entfällt das für den modernen, wissenschaftlich orientierten Menschen Anstoß Erregende an den Wunderberichten; man kann die Wunder offenbar auch dann verstehen, wenn man nicht mehr für möglich hält, daß sie wirklich Geschehenes berichten.[21] Dazuhin findet man sich im Einklang mit der historisch-kritischen

Auslegung der Wunderberichte, welche die Wunder auf Grund zahlreicher antiker Parallelen nicht als Ungewöhnliches oder Besonderes auffaßt. Zum anderen aber soll diese Interpretation der Wunder von einem falschen Wunderglauben, der nur das Mirakelhafte im Blick hat[22], wegführen und auf das Eigentliche, eben auf die mit dem Wunder gesetzte Bedeutung desselben und die Betroffenheit durch dasselbe, hinlenken. Somit wird also ein Doppeltes erreicht: Einerseits ein neuer Zugang zu den biblischen Wunderberichten für den modernen Menschen, andererseits die Aufdeckung des wahren Sinnes der Wunder.

Gegen diese Auffassung von den biblischen Wundern erheben sich schwerwiegende biblisch-theologische Bedenken. Wenn die Tatsächlichkeit der Wunder relativ unwichtig ist, wird ihr Offenbarungscharakter in Frage gestellt, und es ist nicht mehr deutlich, daß die Wundertaten in direktem Zusammenhang mit der Offenbarung Gottes bzw. seiner Macht in Jesus Christus stehen. Es sind eben doch *die* Wunder, die Jesus Christus getan hat. Jesus Christus ist nicht, wie BULTMANN meint, der Offenbarer Gottes, sondern die Offenbarung Gottes.

BULTMANNS Wunderverständnis hat zur Folge, daß die Geschichtlichkeit der Offenbarung überhaupt in Frage steht. Denn wenn die Geschichtlichkeit der Wunder fraglich ist, wieso sollte dann nicht auch die Geschichtlichkeit der Menschwerdung Gottes, der Inkarnation, oder der Erlösungstat auf Golgatha oder der Auferstehung Jesu Christi in Frage stehen? Wenn sich Gott in der Geschichte geoffenbart hat – und dies ist das Grundzeugnis der Heiligen Schrift –, dann kann man nicht nach eigenen Vernunftmaßstäben festlegen, wo dies der Fall war und wo nicht. Gottes Offenbarung ist unteilbar.

Schließlich aber wird es dann erst richtig zur Frage, woher uns die göttliche Wahrheit zuteil wird. Wie kommt sie zu uns, wenn nicht über den Weg der Offenbarung Gottes in der Geschichte, d. h. vor allem in Wort, Werk und Person Jesu Christi? Hier bleibt auch die Frage offen, wie es zu der »Bedeutung« eines Wunders kommt, wenn dessen Faktizität unwichtig ist, und wie beim einzelnen Menschen eine Betroffenheit entsteht durch etwas, das unter Umständen überhaupt nicht geschehen ist!

War es hilfreich, den Versuch von Karl HEIM zum Verständnis der biblischen Wunderberichte kennenzulernen, so ist es lehrreich zu sehen, wie derjenige von Rudolf BULTMANN an den Punkt führt, an dem die Grundlage der Heiligen Schrift, die Offenbarung Gottes in Jesus Christus, in Frage gestellt ist.

2. Leitlinien aus der Bibel für die gegenwärtige Diskussion um die Wunder Jesu Christi

Im Gegensatz zu den bisherigen Überlegungen, die einen Überblick über die Geschichte der Auslegung der Wunder Jesu Christi geben sollten, geht es im folgenden darum, die Wunder, wie sie uns das Neue Testament berichtet, mit dem Denken unserer Zeit zu konfrontieren. Wir haben also nunmehr auf die Fragen des heutigen Menschen einzugehen, die sich ihm beim Lesen und Hören dieser Wunderberichte stellen. Hierbei kann es sich nicht um abgeschlossene Aussagen und fertige Lösungen handeln, sondern die folgenden Ausführungen wollen als Hinweisschilder verstanden werden, die uns zeigen können, in welche Richtung wir in der Auseinandersetzung des modernen Menschen mit den Wundern im Neuen Testament zu gehen haben, bzw. was wir demjenigen sagen können, mit dem wir über dieses Thema ins Gespräch kommen, um ihn für Jesus zu gewinnen.

2.1. Der durch die Medien bestimmte Mensch

In früheren Zeiten wurden Nachrichten mündlich weitergegeben. Heute werden sie in Wort, Ton und Bild, also in Presse, Rundfunk und Fernsehen, wiedergegeben. Man achte auf den Unterschied von weiter- und wiedergeben! Zwar waren die Menschen in früheren Zeiten im Weitergeben erstaunlich genau, jedoch war dabei auch immer die Person des Weitergebenden bis zu einem gewissen Grad im Spiel. Heute legen wir nur noch auf die Exaktheit des Berichteten Wert; wir wollen immer die direkte Reportage, wie sie die Medien weitergeben. So ist der heutige Mensch sachorientiert und darum medienbestimmt. Wir wollen die kurze, prägnante Nachricht im Telegrammstil! Bei Kommentaren, bei Überlegungen zum Berichteten, schalten viele bereits ab.

Bei den Wundern, wie sie von Jesus Christus berichtet sind, haben wir es gerade *nicht* mit Reportagen zu tun. Um den Unterschied zwischen einer Reportage und einer biblischen Wundererzählung zu verstehen, stellen wir exemplarisch beides einander gegenüber.[23]

Die Reportage
»Ein schrecklicher und lautstarker Traum verhalf dem 72 Jahre alten Totengräber Richard Duckett in der britischen Stadt Werrington dazu, nach 46jähriger Taubheit sein Gehör wiederzuerlangen. Duckett war nach einer Kopfverwundung in der Schlacht von Cambrai im Sommer 1918 taub geworden. Im Traum wurde ihm die damalige Situation wieder gegenwärtig, und ›die Kanonen schossen an allen Ecken und Enden‹. Als er schweißgebadet aufwachte, hörte er zum ersten Male wieder nach Jahren die Uhr ticken. Die Ärzte haben keine schlüssige Erklärung für dieses Wunder. Sie nehmen an, daß bei dem Zweiundsiebzigjährigen der gleiche psychologische Schock ausgelöst wurde, den er damals im Ersten Weltkrieg erlitten hatte.«

Der biblische Wunderbericht:
»Und sie brachten zu Jesus einen, der taub und stumm war, und sie baten ihn, daß er die Hand auf ihn legte. Und er nahm ihn von dem Volk besonders und legte ihm die Finger in die Ohren und berührte mit Speichel seine Zunge und sah auf gen Himmel, seufzte und sprach zu ihm: Hephatha! das ist: Tu dich auf! Und alsbald taten sich seine Ohren auf, und das Band seiner Zunge ward los, und er redete recht. Und er gebot ihnen, sie sollten's niemand sagen. Je mehr er aber verbot, desto mehr breiteten sie es aus. Und sie wunderten sich über die Maßen und sprachen: Er hat alles wohl gemacht; die Tauben macht er hören und Sprachlose reden.«

Wir stellen die wichtigsten Unterschiede zwischen beiden Berichten heraus. Die Reportage ist detailliert, der biblische Wunderbericht legt auf Einzelheiten – wie etwa Name, Ort und Zeit – keinen Wert. Die Reportage ist darin stumm, daß sie keine Aussage darüber macht, was vom berichteten Geschehen zu halten ist; eine Deutung wird nicht gegeben und eine Bedeutung für den Leser nicht genannt. Hingegen enthalten die biblischen Wunderberichte Aussagen darüber, wie das Wunder zu deuten ist und was es für uns heute bedeutet: Die Wundertat ist – dies gilt für alle Wunderberichte! – immer von der Mitte, von Jesus Christus, her zu verstehen. *Er* tut dies Wunder! Das ist keineswegs ein Zufall. Der Leser und Hörer des Wunderberichtes soll mit dieser Mitte, also mit Jesus Christus selbst, konfrontiert werden und ihn als Retter und Heiland erkennen.

Weil heute viele Menschen nur noch die Reportage kennen, übertragen sie deren Schema auch auf die biblischen Wunderberichte und finden keinen Zugang mehr zu diesen. Im Grunde heißt es: Lies einen modernen »Tatsachenbericht«, denn er ist genauer als ein biblischer Wunderbericht! Wir sehen uns hier vor die Aufgabe gestellt, den biblischen Wunderbericht und die Reportage voneinander abzugrenzen und so ein Stück Weg freizuräumen für das, was das biblische Wunder will.

2.2. Denken in Zusammenhängen oder ohne Zusammenhänge

Wenn irgendwo ein Terroranschlag verübt wird, so erregt dies Aufsehen. Man hört von Sach- und Personenschäden. Doch viele bleiben bei einer solchen Nachricht nur kurze Zeit stehen und gehen dann zur Tagesordnung über. Es wird nur selten gefragt, in welchem größeren Zusammenhang solch eine einzelne Tat steht. Daß es hier im Grunde um die Auflehnung gegen staatliche Ordnung, gegen die Menschenrechte und gegen sittliche Grundwerte geht – ganz abgesehen von der Ablehnung der Botschaft des Evangeliums –, wird meist nicht wahrgenommen. In diesen Zusammenhang gehört die Parole, die einmal an einer Kirchenmauer zu lesen war: »Weg mit Staat, Kirche, Moral!«

Der moderne Mensch hat es verlernt, nach Zusammenhängen zu fragen. Er haftet am Einzelgeschehen. Die biblischen Wunder versteht man aber nur dann, wenn man wieder lernt, in größeren Zusammenhängen zu denken! Die Wunder sind eben nicht irgendwelche Mirakel, von denen uns im Neuen Testament berichtet wird, sondern es sind die Wunder *Jesu Christi.* Sie gehören in den Zusammenhang seiner Person, seines Lebens, seines Redens und Handelns, seines Sterbens und Auferstehens. Warum spielt dieser Zusammenhang eine so wichtige Rolle? Die Antwort gibt uns der Satz: »Gott hat seine umfassende und rettende Tat an der Menschheit getan. Sie wird kund in dem Menschen Jesus und kundgemacht mit dem, was von seinem Tun und Reden erzählt ist.«[24] Anders gesagt: Jesus Christus ist gleichsam zum Sachverständigen Gottes für das Heilwerden des Menschen geworden. Er hat deshalb sein Leben am Kreuz für uns dahingegeben. In ihm liegt unser Heil und unsere Rettung beschlossen. In diesen großen heilsgeschichtlichen Zusammenhang gehören seine Wundertaten. Sie sind Erweise dafür, daß er der Retter ist. So sagt es Jesus selbst: »Auf daß ihr aber wisset, daß des Menschen Sohn Vollmacht hat, zu vergeben die Sünden« – das heißt, dem Menschen das *Heil* zu bringen –, »sprach er zu dem Gichtbrüchigen: Ich sage dir, stehe auf, nimm dein Bett und gehe heim!« (Mk 2,10). Damit schenkte der Herr diesem Kranken die *Heilung.*

So dürfen wir sagen: Die Heilungswunder sind der Erweis dafür, daß in Jesus Christus – allein! (vgl. Apg 4,12) – das Heil ist. Ohne diesen großen Zusammenhang der Sendung Jesu Christi werden seine Wundertaten zu Mirakeln oder Unmöglichkeiten. Aber ohne seine Wunder wird Jesus selbst zu einem bloßen Menschen oder zur Idee der Erlösung. Beides ist gleichermaßen verkehrt.

Vermutlich können viele Menschen die Wundertaten Jesu Christi als die Erweise seines Rettungswillens deshalb nicht in ihrer Bedeutung verstehen, weil sie nicht erkennen, daß sie grundsätzlich der Rettung durch Jesus bedürfen! Wer in Lebensgefahr geraten ist, nimmt keinen Anstoß mehr am Rettungsmittel! Wer erfahren hat, daß sein Leben ohne Jesus verloren ist, dem sind die Wunderberichte wie der ausgestreckte Arm des Herrn, der vom Verderben errettet. Darum gilt es, die Wunder Jesu Christi wieder in den großen Zusammenhängen zu sehen, nämlich in dem, wie Gott in seinem Sohn zum Retter und Heiland und Erlöser des Menschen wird.

2.3. Das Verständnis für Machtbereiche

Der Mensch unserer Zeit denkt bei dem Begriff »Machtbereich« an politische oder militärische Machtblöcke in dieser Welt. An ihren Aktionen und Reaktionen wird deutlich, was sie wollen. Sie sind historisch und geographisch faßbar. Ihre Ideologie läßt sich ermitteln.

Weithin verlorengegangen ist jedoch das Empfinden des heutigen Menschen für die Tatsache, daß wir vom Machtblock des Bösen bedroht sind. Zwar hält man sich an einzelnen bösen Vorkommnissen auf, die man rasch wieder vergißt. Daß aber hinter allen kleinen und großen Bosheiten die eine Macht des Bösen steht, ist weitgehend vergessen worden. Die Bibel nennt diese Macht den Satan, den »Durcheinanderwerfer«, wie das Wort Teufel vom Urtext aus zu übersetzen ist. Er bringt die Menschen im kleinen und die Völker im großen gegeneinander auf.

Die Bibel weiß sehr wohl, wie tückisch und brutal die Macht des Bösen ist, wie sie den Menschen in ihre Gewalt bekommt und zu ihrem Werkzeug macht, wie der Mensch unter ihrer Knechtschaft leiden kann. Darauf deutet das Wort Jesu in Johannes 8,34 hin: »Wer Sünde tut, der ist der Sünde Knecht.« Mit dem Begriff »Sünde« wird ja alles Böse als gegen Gott und seine Gebote gerichtet bezeichnet! Mit »Sünde« wird die Widergöttlichkeit des Bösen begrifflich gefaßt. So können wir mit dem angeführten Jesuswort also sagen: Wer Böses tut und damit Sünde begeht, der handelt nicht aus freier Entscheidung, sondern steht unter dem Zwang des »altbösen Feindes«. Damit ist eben auch dies gesagt, daß das Tun des Bösen und der Sünde nicht nur in der einzelnen verwerflichen Tat besteht (*Tat*-Sünden), sondern daß es dabei um die Tatsache geht, daß der Mensch unter der Macht des Bösen steht und unter ihrer Regieanweisung handelt (*Ur*-Sünde).

Diesen Zusammenhang, in welchem das Böse und die Sünde stehen, hat man bis heute immer wieder verharmlost. Die Schuld für diese Verharmlosung liegt in der Tatsache, daß die Lehre des griechischen Philosophen ARISTOTELES (384–322 v. Chr.) vom Bösen in die christliche Theologie Eingang gefunden hat. Nach dieser Lehre ist das Böse nichts anderes als der

Mangel an Gutem. Wenn also jemand blind ist, leidet er an mangelndem Sehvermögen. In gewissem Sinn kann man natürlich so sagen. Aber damit ist nicht ausgedrückt, daß es Blind*heit* gibt – die Endsilbe ist hier zu betonen. Wenn man das Böse als Mangel an Gutem definiert, so ist damit noch nichts über die Bos*heit* als solche gesagt.

Diese Auffassung vom Bösen als dem Mangel an Gutem erstreckt sich über das Mittelalter und die Aufklärungszeit bis in unsere Gegenwart. Man hat das Böse gleichsam in den Griff bekommen, man hat es domestiziert, d. h. »zum Haustier gemacht«. Zwar muß man darauf achten, daß dieses Haustier brav bleibt, aber es gehört zum Haus, in dem wir wohnen, und es ist grundsätzlich nichts Schlimmes. Zwar wurden die Menschen immer wieder durch Ereignisse aufgeschreckt (z. B. durch das Erdbeben von Lissabon im Jahre 1755 oder durch die beiden Weltkriege des 20. Jahrhunderts), in denen sich das Böse in seiner ganzen, furchtbaren Macht gezeigt hat. Aber leider sind auch solche Ereignisse oft wieder ziemlich schnell vergessen worden.

Auf diesem Hintergrund haben wir die Wunder Jesu Christi ganz neu zu verstehen. Sie sind Zeichen einer grundlegenden Veränderung der Machtverhältnisse und Machtbereiche in dieser Welt. Jesus drückt dies mit dem Begriff des Reiches Gottes aus, mit dem er viele seiner Gleichnisse einleitet. Wir machen uns das an zwei Beispielen klar:

– Johannes der Täufer fragte Jesus: »Bist du, der da kommen soll, oder sollen wir eines anderen warten?« Johannes ist sich nicht sicher, ob Jesu Zeichen und Wunder der Anbruch des Reiches Gottes, der neuen Gottesherrschaft sind oder nicht. Darauf antwortet Jesus: »Blinde sehen und Lahme gehen, Aussätzige werden rein und Taube hören, Tote stehen auf und den Armen wird das Evangelium gepredigt« (Mt 11,3 ff.). Mit den Wundern Jesu ist also das Reich Gottes angebrochen, der Bereich, in dem Jesus Christus alleiniger Herr ist.
– In Matthäus 12,28 spricht Jesus: »Wenn ich die bösen Geister durch den Geist Gottes austreibe, so ist das Reich Gottes zu euch gekommen.« Mit seinen Wundern bricht ein neuer Machtbereich in die Machtblöcke dieser Welt ein.

So werden die Zeichen und Wunder Jesu Christi zu Hinweisen darauf, daß ein neues Reich angebrochen ist. Zwar leben wir Christen noch in dieser Welt, in den Verflechtungen der Machtblöcke, in der Bedrohung durch die Macht des Bösen. Aber wir leben nicht mehr von bzw. aus der Welt, wir stehen nicht mehr unter ihrer Macht, weil wir im Glauben an Jesus Christus unter seiner Macht (und das heißt: in seinem Reich) leben (vgl. Joh 16,33 und 17,14). Unsere Bitte ist, daß Gott dieses sein Reich in Jesus Christus bald heraufführen möchte, daß es aller Welt sichtbar und als einzige Macht dastehen möchte: »Dein Reich komme!«

2.4. Das Heil und die Heilung

Ein Mensch, der eine Krankheit hat, ist in erster Linie auf Heilung aus. An diese Sehnsucht knüpft Jesus mit seinen Wunderheilungen an. Krankheit ist in seinen Augen das Anzeichen dafür, daß eine lebensfeindliche, lebenzerstörende Macht nach dem Menschen greift, den Gott doch im Konzept seiner Schöpfung zum Leben gerufen und geschaffen hat. Jesus aber ist gekommen, daß er die Werke des Teufels, also dieser lebensfeindlichen und gottwidrigen Macht, zerstöre (1 Jo 3,8). So werden die Wunder, in denen Menschen Heilung eines körperlichen oder seelischen Leidens erfahren haben, zu Zeichen, daß die Macht des Bösen gebrochen ist. Wunder sind Zeichen – denn es wurden nicht alle Kranken, die es damals in Israel gab, gesund. Aber an denjenigen, die durch Jesus geheilt wurden, wurde sichtbar: Jetzt ist eine neue Zeit angebrochen! Es ist einer da, der den Bann des Bösen in Gestalt der Überwindung von jeglicher Art von Krankheit, ja sogar des Todes, gebrochen hat.

So werden Jesu Wundertaten zum Hinweis, daß *er*, der Helfer und Heiland, gekommen ist. Sie weisen auf *ihn* hin. Sie sind nicht als wundersame Vorgänge, als unerklärliche Mirakel, als Zufall oder dergleichen zu verstehen. Es sind vielmehr *seine* Taten. In der Geschichte der Heilung der zehn Aussätzigen wird dies besonders anschaulich: Nur einer von ihnen kehrte um und dankte Jesus. Die anderen vergaßen die Person, durch die sie Heilung erfuhren.

Es ist Jesu Absicht, durch seine Wundertaten den geheilten Menschen zu sich als dem Heiland zu führen, damit er das Heil empfange. Dies zeigt der Bericht von der Heilung des Gichtbrüchigen (vgl. Mt 9,6 par Mk 2,10 und Lk 5,24). Das Heil besteht in der Vergebung der Sünden, d. h. darin, daß die Trennung zwischen Gott und Mensch, die durch die Sünde erfolgt ist, aufgehoben wird, darin, daß sich der Mensch wieder als von Gott angenommen und als sein Kind verstehen darf! Daß Jesus dazu gekommen ist, das will er mit der Heilung des Gichtbrüchigen zeigen. Man kann demnach sagen: Die Heilungen sind der Weg, auf dem der Heiland zum Heil führen will.

2.5. Die Wundertaten Jesu und unser Glaube

Wir sind immer wieder geneigt, auf ein Wunder als solches zu hoffen. Dabei übersehen wir, daß die Wunder, welche Jesus Christus getan hat, und der Glaube der Menschen, denen er geholfen hat, in einem Verhältnis zueinander stehen.

An einigen Stellen (z. B. in Mt 9,22) findet sich der Satz: »Dein Glaube hat dir geholfen.« Das heißt, daß jener Mensch auf seinen Glauben an Jesus hin gesund wurde. Wir erinnern uns daran, daß dieses »geholfen« nicht nur die Aufhebung des Krankheitszustandes und die Wiederherstellung der Gesundheit, sondern vor allem auch die »Rettung« bedeutet. Mit Rettung ist gemeint, daß jener Mensch nicht zur Gesundheit, sondern zum Heil, d. h. zum Leben aus Gott gefunden hat. Er wurde gesund, an Leib *und* Seele.

Was ist das Wesen dieses Glaubens? Glauben heißt im Neuen Testament »vertrauen«. Vertrauen kann man im Grunde nur einer Person. So ist das Wesen des neutestamentlichen Glaubens das restlose Vertrauen zu Jesus Christus. Der Ausdruck dieses »Glaubens« faßte sich bei den Menschen, die sich hilfesuchend an Jesus wandten, in die Worte: »*Herr*, erbarme dich mein!« Damit wirft sich der Glaubende mit seiner ganzen Existenz auf den Herrn. *Von ihm* erwartet er die Hilfe für die konkrete Notlage, in der er steht, nicht aber davon, daß Jesus veranlaßt, *daß »sie sich wendet«*. Die Wende führt der Herr selbst herbei! So liegt beides ineinander: Das Grundvertrauen, daß Jesus der Retter ist, und das Vertrauen, daß er in einer bestimmten Situation helfen kann.

Damit sind wir bei etwas, das schon Paulus not machte. Paulus war chronisch krank, und seine wiederholte Bitte um Heilung wurde nicht so erhört, wie er es sich gewünscht hatte: Die Krankheit blieb. Viele fragen wie Paulus: Ich glaube doch; warum werde ich dann nicht gesund? Liegt es an meinem Glauben oder an etwas anderem? Paulus erhielt vom *Herrn selbst* die Antwort: »Laß dir an meiner Gnade genügen, denn meine Kraft ist in den Schwachen mächtig« (2 Kor 12,9). Vom Herrn selbst kam diese Antwort, und sie ist wichtig – für Paulus wie für uns. Jesus sagt nicht, er habe dieses Gebet nicht gehört oder er könne hier auch nicht helfen. Er weiß, welche »Schwachheit« Paulus zu tragen hat. Er gibt ihm die Kraft dazu, ja er befähigt ihn, unter dieser Schwachheit Größtes zu leisten; dafür ist das Lebenswerk des Paulus ein beredter Hinweis! Zugleich aber fordert der Herr seinen Apostel auf, sich an der Gnade genügen zu lassen, sein Grundvertrauen zu Jesus nicht erschüttern zu lassen.

Was dürfen wir hieraus lernen? Glauben im Sinne eines restlosen Vertrauens auf Jesus traut ihm alles zu und vertraut ihm alles Handeln an. Darin liegt beides, jenes Grundvertrauen und das Vertrauen auf die konkrete Hilfe. Darin liegt aber auch beschlossen, daß wir zu Jesu konkretem Handeln an uns ja sagen, ob es unserer Bitte entspricht oder nicht. Dieser Glaube drückt sich in der altkirchlichen Bitte aus: »Herr, erbarme dich!« Dieser Glaube vertraut auf den Herrn – auch gegen den Augenschein. Das ist der »Dennoch«-Glaube von Psalm 73 oder der »Aber auf dein Wort«-Glaube von Lukas 5. Das ist der Glaube jenes Liedverses: »Wenn ich auch gar nichts fühle von deiner Macht, du bringst mich doch zum Ziele, auch durch die Nacht.«

Zusammenfassend ist zu sagen: Der Glaube als das restlose Vertrauen des Menschen zu Jesus und durch ihn zu Gott verläßt sich ganz auf die Gnade. Er vertraut auf sie auch dort, wo Gott andere Wege geht, als sich der Mensch das vorstellt. Er blickt hinaus auf das Ziel, an dem der Sieg der Gnade steht.

2.6. Wunder und naturwissenschaftliches Denken

Das naturwissenschaftliche Denken gilt als exakt. Es kann das Wunder nicht ohne weiteres in sein Koordinatensystem einordnen. Darum scheint das Wunder, wie es im Neuen Testament oder der Bibel überhaupt berichtet wird, im Gegensatz zum exakten naturwissenschaftlichen Denken zu stehen. Man erinnert sich dabei an den Ausspruch GOETHES: »Das Wunder ist des Glaubens liebstes Kind.« Das will sagen: Der christliche Glaube braucht eben, um existieren zu können, die Wunder.

Wenden wir uns zunächst dem naturwissenschaftlichen Denken zu! Die Naturgesetze spielen in ihm eine wesentliche Rolle. Es gibt etwa folgende drei Auffassungen von den Naturgesetzen nach vereinfachter Einteilung[25]:

- »Die Naturgesetze spiegeln nackte Tatsachen wider, die der Mensch beobachten und durch Erfahrung feststellen kann, ohne daß er dabei die Frage nach dem Warum und Weshalb beantworten könnte.«
  Diese Auffassung bedeutet keine grundsätzliche Ablehnung des Wunders als des Unerklärbaren. Wenn wir nicht wissen, warum in der Natur etwas so und nicht anders verläuft, dann können wir auch nicht sagen, weshalb es sich nicht auch einmal ganz anders verhalten sollte.
- »Die Naturgesetze folgen der Wahrscheinlichkeitsregel.« Auch bei dieser Definition ist ein Wunder möglich. Hier wird davon ausgegangen, daß die Naturgesetze gleichsam die Natur in ihrem »unbehandelten« Zustand sind. Auf Grund bestimmter Konstellationen könnte nun eben ein anderer als der gesetzmäßig vorgezeichnete Ablauf, eine andere »Behandlung« der Natur erfolgen, als es die Naturgesetze vorschreiben.
- »Die Naturgesetze sind zwingende Tatsachen.« Hier ist das Gegenteil, also eine Durchbrechung dieser Tatsachen, gänzlich ausgeschlossen. Jedes Geschehen ist ganz in sich geschlossen. Damit werden Wunder im Sinne der Durchbrechung dieser Geschlossenheit unmöglich. Das wäre nicht nur naturwissenschaftlich, sondern auch religiös unvorstellbar. Denn Gott – als die oberste Instanz für die Naturgesetze –

kann sich nicht selbst widersprechen, indem die Naturgesetze auf Grund von Wundern durchbrochen werden. Ein Gott, der sich selbst widerspricht, ist kein Gott mehr. Bei dieser dritten Auffassung von den Naturgesetzen wird davon ausgegangen, daß alles ständig gleich bleibt. Jeder Punkt in der Natur bleibt konstant. Dieser Sicht liegt die Annahme von der totalen Konstanz der Natur zugrunde.

In welche Richtung haben wir nun weiterzudenken? Vielleicht in die im folgenden skizzierte. Die Gesetze der Natur behalten ihre Gültigkeit. Es sind die ihr vom Schöpfer eingestifteten Grundregeln. Sie als »eherne« Gesetze zu bezeichnen hieße von dem Vorbehalt auszugehen, daß sich immer alles gleichbleibt, daß niemals etwas »dazwischenkommen« kann. Es ist nun aber logisch – und auch faktisch! – durchaus möglich, daß sich ein einziger Punkt im Geflecht der Natur verändert. Die Naturgesetze bleiben deshalb durchaus in Kraft. Ein Geschehen läuft nach ihnen ab – aber eben anders, weil es an einem einzigen Punkt eine Abänderung gab. Ein Beispiel soll diesen Sachverhalt verdeutlichen: Das Leben Jesu auf dieser Welt lief durchaus entsprechend den Naturgesetzen ab. Aber die Entstehung seines Lebens, nämlich das »geboren aus der Jungfrau Maria«, war der eine unvorhersehbare, unberechenbare Punkt, der durch die Einwirkung von »außen«, d. h. von Gott her, im Gegensatz zu den allgemein geltenden Regeln in völlig veränderter Weise gesetzt wurde. Damit wird deutlich, daß das Wunder die Naturgesetze nicht umgeht oder aufhebt. Sie sind gleichsam das Verhaltensmuster, wie es in dieser Welt abläuft. Trotz einer besonderen Einwirkung läuft auf Grund der Naturgesetze alles in geordneten Bahnen weiter ab. Die Verursachungen jener Veränderungen, wie sie punktuell vorkommen, liegen tiefer als die Naturgesetze selbst.

Ziehen wir nun aus diesen Überlegungen einige – gewiß vorläufige! – Folgerungen für das Verständnis der biblischen Wunder angesichts des naturwissenschaftlichen Denkens:

- Ein Wunder bedeutet nicht den Bruch der Naturgesetze, sondern deren unerwartete Erweiterung.
- Das Wunder ist der Eingriff des Schöpfers in seine Schöpfung. Dies ist die Ursache des Wunders. Die Wirkung des Wunders verläuft in naturgesetzmäßigen Bahnen.

- Das Wunder ist darum nach rückwärts nicht mit der Natur, sondern mit Gott, der es bewirkt, verbunden. Nach vorwärts (d. h. in seinen Auswirkungen) wird es im Zusammenhang mit der Natur faßbar.
- Wer unsere Natur als die einzige Wirklichkeit anerkennt, kann nicht annehmen, daß von außen her (besser: von oben her), d. h. von Gott aus, unvorhersehbare und nicht verstehbare Eingriffe in sie erfolgen können. Die Wirklichkeit aber, die Gott geschaffen hat, ist größer. Unsere Welt ist nur ein Teil von ihr. Es ist kurzschlüssig, den sichtbaren Teil für das Ganze zu halten.
- Die Natur und die Wunder haben einen einzigen Veranlasser: Gott selbst. Er ist der Schöpfer und Erhalter der Natur. Er ist zugleich aber auch ihr Herr, der, wie er will, in sie eingreifen und Wunder wirken kann.

Anmerkungen

1 Vergleiche hierzu: Jörg BAUR, Wunder, dogmengeschichtlich, in: Die Religion in Geschichte und Gegenwart (RGG³), Tübingen 1957 ff., Bd. IV, Sp. 1838 ff.

2 Vgl. Gerhard EBELING, Kirchengeschichte als Geschichte der Auslegung der Heiligen Schrift, Tübingen 1947.

3 Karl GUTBROD, Die Wundergeschichten des Neuen Testaments, Stuttgart 1968², S. 44: »In dichter Sprache und bewußt knapper Linienführung wird erzählt, was an Jesus wesentlich ist.«

4 »Kirchenlehrer« (»doctor ecclesiae«) ist ein katholischer Ehrentitel, »der durch den Papst oder ein Konzil gewissen, durch reine Lehre, heiliges Leben, umfassende Gelehrsamkeit ausgezeichneten Autoritäten öffentlich zuerkannt ist« (RGG³, Bd. II, Sp. 214). Die wichtigsten Kirchenlehrer der römisch-katholischen Kirche sind AMBROSIUS (340–397), AUGUSTINUS, Papst GREGOR I. (540–604) und HIERONYMUS (345–420).

5 »Miraculum voco, quidquid arduum aut insolitum supra spem vel facultatem mirantis apparet.« AUGUSTINUS, De utilitate credendi, 16, 34. (Über den Nutzen des Glaubens). Opera (Gesamtausgabe seiner Werke), Patrologia cursus completus, hg. v. J. P. MIGNE. Series Latina, Band 42, resp. Band VIII der Werke Augustins, Spalte 90. – »Ein Wunder nenne ich, was schwer verstehbar und ungewöhnlich und über die Hoffnung oder Möglichkeit des sich wundernden Menschen hinausgehend erscheint« (Übersetzung vom Verf.).

6 »Neuplatonismus, mit Ammonius Sakkas als legendärem Urheber beginnende, von Plotin begründete philosophisch-religiöse Bewegung der Spätantike des 3.–6. Jahrhunderts n. Chr., die, sich auf Platon und insbesondere dessen Ideenlehre berufend, fast alle geistigen, religiösen und mystischen Strömungen (Ausnahme: Epikureismus) der Antike aufnimmt« (M. MÜLLER/A. HALDER [Hg.], Kleines philosophisches Wörterbuch, Freiburg 1974⁴, S. 185).

7 »Rationes causales mundo inditae, cujus generis fuerint.« AUGUSTINUS. De genesi ad literam VI, 14. (Abhandlung über das 1. Buch Mose [Genesis]. Opera (vgl. nähere Angaben bei Anm. 5), Band 34, resp. III/1, Spalte 349. – »Von welcher Art die anfangs in die Welt hineingelegten Vernunftgründe gewesen sein könnten« (Übersetzung vom Verf.).

8 »Tota ratio facti est potentia facientis.« AUGUSTINUS, Epistula CXXXVII (Brief Nr. 137). Opera (vgl. nähere Angaben bei Anm. 5), Band 33, resp. Band II, Spalte 519. – »Der ganze Sinn einer Tatsache besteht in der Macht dessen, der sie vollbringt« (Übersetzung vom Verf.).

9 »seytem aber das Euangelium nun außgebreitet und aller Welt kund worden ist, ist nit von nöten zaichen zu thun als zu der Apostel zeiten. Wann es aber die not fordern wurde unnd sy das Euangelium angsten und dringen wollten, so müssendt wir warlich dran und müssen auch zaichen thun, ee wir das Euangelium uns liessen schmehen und underdrucken.« M. LUTHER, Predigt über Markus 16,14 ff. am 29. Mai 1522, in: M. LUTHER, Werke. Kritische Gesamtausgabe (»Weimarer Ausgabe«), 1883 ff., Bd. 10/III, S. 145 f.

10 »Aus diesem folgt nu solcher Unterschied unter den mirakeln oder wundern, das viel grösser Wunder ist, das er fur wunder rechnet, denn das fur wunder achten, Die leute preisen das fur gros wunder, das er hat die blinden sehend, die tauben hören, die aussetzigen rein gemacht, und ist war, es sind ja wunderzeichen. Aber er sihet das fur viel grösser an, so an der seelen geschicht, denn die am leibe geschehen, Darumb soviel die seel besser und mehr ist denn der leib, so gros und so viel grosser ist dis wunder zu achten, das er hie preiset, denn die andern, die leiblich geschehen sind.« M. LUTHER, Predigt über Matthäus 8,14 ff. am 27. Januar 1535, in: M. LUTHER, Werke. Kritische Gesamtausgabe (»Weimarer Ausgabe«) 1883 ff., Bd. 41, S. 19.

11 »Denn Gottes wunder erben nicht und sind auch nicht unser eigen noch uns unterworffen wie die güter, haus und hof. Gott wil frey sein solcher wunderleute und Edel steine zu geben, wenn, wo und wem er wil.« M. LUTHER, Auslegung des 101. Psalmes, in: M. LUTHER, Werke. Kritische Gesamtausgabe (»Weimarer Ausgabe«), 1883 ff., Bd. 51, S. 109.

12 Vgl. C. FRIEDLEIN, Geschichte der Philosophie, Berlin 1980[13], S. 135.

13 Vgl. hierzu und zum folgenden: Hans SCHWARZ, Das Verständnis des Wunders bei Karl Heim und Rudolf Bultmann (Arbeiten zur Theologie, II. Reihe, Bd. 6), Stuttgart 1965.

14 »Er entmythologisiert vermeintliche moderne Weltbilder, die er durch ein dynamisches Weltverständnis ersetzt« (SCHWARZ, a.a.O., S. 203).

15 »In der Bibel steht das Wunder, das Gott tut, nie im Gegensatz zum Naturgesetz oder zum Kausalzusammenhang« (K. HEIM, Die

Wandlung im naturwissenschaftlichen Weltbild, Hamburg 1951, S. 197).

16 »Das Wunder ist in allen diesen Fällen nicht eine Aufhebung der Naturnotwendigkeit, aber auch nicht bloß die rein innere Erfahrung der Vergebung der Sünde durch ein glaubendes Subjekt, obwohl diese höchste Erfahrung der Gnade Gottes mit zu den größten Wundererlebnissen gehört. Denn in der Natur waltet nach biblischer Anschauung keine fatalistische Determination, die durch ein Wunder aufgehoben werden müßte. Sie ist von innen gesehen ein Kampf lebendiger Willensmächte. Durch das Wunder greift ein höherer Wille in dieses Ringen lebendiger Gewalten ein. Gott tritt den vernichtenden Mächten entgegen, die in die Schöpfungswelt eingedrungen sind. Er vollzieht schon jetzt an einigen Stellen das, was bei der Weltvollendung auf der ganzen Linie geschehen wird, die Wiederherstellung der ursprünglichen Schöpfungsordnung, in der es noch keine zerstörenden Gewalten gab, sondern die noch diesseits der ganzen Todesform der jetzigen Welt stand« (HEIM, a.a.O., S. 199).

17 »Existenz(ial)philosophie, ein Sammelbegriff für philosophische Richtungen, die formal darin übereinstimmen, daß sie unter ›Existenz‹ nicht Dasein überhaupt, sondern die Vollzugsweise des menschlichen Daseins verstehen. Aus der Weltkriegserschütterung und der philosophischen Anknüpfung an Kierkegaard herausgewachsen, trat sie um 1930 an die Spitze aller philosophischen Strömungen« (M. MÜLLER/A. HALDER [Hg.], Kleines philosophisches Wörterbuch, Freiburg 1974[4], S. 82).

18 »Für Bultmann konnte es ja nur zu den neutestamentlichen Wundergeschichten unter der Voraussetzung des ›Weltbildes‹ und des Dämonenglaubens des Neuen Testaments kommen. Da aber diese Voraussetzungen nach Bultmann im Gegensatz zu Heim für die Moderne unakzeptabel geworden sind, ist auch die Realität der neutestamentlichen Wundergeschichten fraglich geworden. Damit kommt es zumindest zu einer Relativierung dieser Wunder« (SCHWARZ, a.a.O., S. 141).

19 »Wunder als Entsicherung des Menschen«, »Wunder als existenzergreifendes Ereignis« (SCHWARZ, a.a.O., S. 195, 197). – Die existentielle Betroffenheit des Menschen durch das Wunder schildert BULTMANN im folgenden genauer: »Aber das ist im Grunde die Sünde der Welt überhaupt: sich und Gott aus Leistung und Werk zu verstehen. Deshalb ist für sie, sofern sie nach Gott fragt, das Mirakel ein Gegenstand der Sehnsucht, das Wunder aber, das nicht den Charakter der sich ausweisenden Leistung hat, ein

Anstoß. Wir sahen: der primitive Mirakelgedanke korrespondiert dem Verständnis unserer Zeit als der Arbeitswelt, in der wir die Regelmäßigkeit und Gesetzmäßigkeit des Geschehens voraussetzen. Das Mirakel ist ein Verstoß gegen das Gesetz dieser Welt, aber es ist doch völlig im Sinn dieser Welt gedacht, weil es eine innerhalb ihrer ausweisbaren Leistung Gottes ist. Der Wundergedanke aber hebt den Charakter der Welt als der verfügbaren Arbeitswelt radikal auf. Denn das Wunder ist gerade nicht eine ausweisbare Leistung Gottes, sondern es steht jedem frei, das Ereignis, das ein Wunder zu sein behauptet, als gesetzmäßigen Vorgang innerhalb der Welt zu verstehen. Aber das Wunder richtet an den Menschen die kritische Frage, wie weit er die Welt richtig versteht, wenn er sie als die ihm verfügbare Arbeitswelt versteht; wie weit er sich selbst richtig versteht, wenn er sich aus seinem Werk versteht und durch sein Werk sichern will. Der Wundergedanke hebt den Charakter der Welt als der verfügbaren Arbeitswelt deshalb radikal auf, weil er das Verständnis des Menschen seiner selbst als durch sein Werk gesichert aufhebt« (R. Bultmann, Glauben und Verstehen, Bd. I, Tübingen 1961[4], S. 222).

20 »Das Wunder ist nach Bultmann kein irgendwo und irgendwie konstatierbares Ereignis in der Welt« (Schwarz, a.a.O., S. 191). Vgl. hierzu: Rudolf Bultmann, Zur Frage des Wunders, in: Glauben und Verstehen, Bd. 1, Tübingen 1961[4], S. 214–228.

21 »So muß er (Bultmann) auch als Anwalt des modernen Menschen die Wunderberichte des Neuen Testaments auflösen« (Schwarz, a.a.O., S. 145).

22 »Somit muß der Mirakelgedanke aufgegeben werden. Dies ist deswegen leicht möglich, da er nur formal gedacht ist« (Schwarz, a.a.O., S. 187).

23 Vgl. hierzu von K. Gutbrod, Die Wundergeschichten ... (s. Anm. 3), S. 2 f.

24 A.a.O., S. 13

25 C. S. Lewis, Wunder – möglich – wahrscheinlich – undenkbar?, Basel 1980[2].

Grundlinien eines biblischen Schriftverständnisses

Gerhard Maier

1. Die Schrift ist Gottes Wort

Zwei Grundauffassungen stehen sich heute gegenüber. Die eine läßt sich auf den Satz bringen: Die Schrift *enthält* Gottes Wort. Die andere vertritt den Satz: Die Schrift *ist* Gottes Wort.

Wenn wir von zwei Grundauffassungen reden, so muß uns klar sein, daß dies erst seit 200 Jahren gilt. Über 1700 Jahre lang kannten die christlichen Kirchen nur den einen Satz: Die Schrift *ist* Gottes Wort. Aber seit der sog. »Aufklärung« im 18. Jahrhundert treffen viele Theologen eine Unterscheidung zwischen Bibel und Gottes Wort, selbst wenn es Jesus oder die Apostel so betrachtet haben sollten.

Welche dieser Auffassungen ist nun im Recht? Sofern wir der Bibel einen Vertrauensvorschuß zugestehen und überhaupt noch damit rechnen, daß wir »unter« und nicht »über« der Bibel Theologie treiben, sollten wir zuerst die Bibel selbst befragen.

Wir nehmen als Ausgangspunkt Matthäus 1,22 f. Dort zitiert Matthäus eine wichtige Weissagung aus Jesaja (7,14) und führt diese Weissagung mit den Worten ein: »... auf daß erfüllt würde, was der Herr durch den Propheten gesagt hat ...« Der Herr selbst also redet mit den Menschen. Dieses Gespräch ist vermittelt »durch« den Propheten. Es ergibt sich demnach eine Kette: Gott – Gottes Bote (Jesaja) – Mensch. Da Matthäus Jesaja nicht persönlich gehört hat, sondern nur das Buch Jesaja in seiner Bibel kannte, kann man die Kette auch so formulieren: Gott – Bibel (als Zusammenfassung seiner Boten) – Mensch. Halten wir fest: Der eigentlich Redende in der Bibel ist Gott selbst. Die Boten vermitteln dieses Gespräch, treten aber zurück. Der Mensch vernimmt in der Bibel *Gottes* Wort und nicht in erster Linie Menschenwort – dies ist wenigstens die Auffassung der neutestamentlichen Verfasser. Von daher ist es richtiger zu sagen: Die Bibel *ist* GottesWort, und sie enthält es nicht nur hier und da.

Nun könnte man freilich einwenden, das gelte nur im Blick auf das prophetische Wort; die Bibel enthalte jedoch viel kompliziertere Sachverhalte. Das ist ein Stückweit richtig, und deshalb wollen wir nun 1. Korinther 7 betrachten.

1. Korinther 7,1 berichtet uns von einem Brief der Gemeinde Korinth an den Apostel Paulus. Aus anderen Stellen wissen wir, daß noch andere Briefe aus den Gemeinden an den Apostel ergangen sind, ebenso, daß es eine ganze Reihe von Paulusbriefen gibt, die für uns heute verloren sind (vgl. 2 Kor 2,9; 3,1; Kol 4,16). Wir sehen sowohl darin, daß manche Briefe erhalten blieben, als auch in dem Verlust vieler Briefe das Walten Gottes. Was Gott als sein Wort an uns richten wollte, das hat er auch die wechselhaften Geschehnisse der Geschichte überdauern lassen. Auch von diesem Gesichtspunkt her ist es deutlich, daß wir es in den erhaltenen Schriften des Neuen Testaments mit Gottes Wort zu tun haben – und nicht nur mit einer von Menschen bewerkstelligten Sammlung von Schriften.

In 1. Korinther 7,6 schließt Paulus einige Sätze über die Ehe mit der Bemerkung ab: »Das sage ich aber als Erlaubnis und nicht als Gebot.« Damit hat er die seelsorgerliche Empfehlung deutlich unterschieden von einem verbindlichen Gebot. Empfehlungen kann man annehmen; man kann sie aber auch ablehnen, ohne direkt zu sündigen.

Ein anderer Fall liegt in 1. Korinther 7,10 vor. Hier handelt es sich um eine direkte und verbindliche Weisung Jesu. Wer gegen diese verstößt, sündigt gegen das Gebot des Herrn.

In 1. Korinther 7,12 hat Paulus kein Jesuswort, um den betreffenden Fall zu regeln. Aber er begnügt sich auch nicht mit einer Empfehlung. Er schreibt vielmehr: »Den andern aber sage ich, nicht der Herr: . . . der scheide sich nicht von ihr.« Der Apostel trifft also kraft seiner apostolischen Vollmacht eine Anordnung. Wer dieses apostolische Gebot übertritt, sündigt ebenfalls.

Wir betrachten noch 1. Korinther 7,25 und 7,40. In Vers 25 sagt Paulus: »Über die Jungfrauen habe ich kein Gebot des Herrn; ich sage aber meine Meinung«, und in Vers 40 gebraucht er noch einmal den Begriff »Meinung«, fügt jedoch hinzu: »Ich halte aber dafür: auch ich habe den Geist Gottes.« In dem, was er als seine »Meinung« über die Jungfrauen darlegt, eröffnet Paulus der Gemeinde verschiedene Möglichkeiten. Aber gerade dies tut er, weil er vom Heiligen Geist geleitet ist. Auch seine apostolische »Meinung« legt er nicht ohne Geistesleitung (»Inspiration«) dar.

Fassen wir unsere Beobachtungen zu 1. Korinther 7 zusammen, so ist zu sagen, daß die Bibel (bzw. hier das Neue Testament) tatsächlich nicht nur prophetische Worte enthält. Sie enthält auch nicht nur Gebote. Vielmehr umschließt sie eine ganze Fülle von Äußerungen: Weissagungen, Verheißungen, Gebote, apostolische Anordnungen, Meinungen, seelsorgerliche Empfehlungen usw. Wir müssen also immer genau hinsehen, mit was oder mit wem wir es zu tun haben. Aber indem Gottes Geist alle diese Äußerungen geleitet hat und indem er uns erkennbar macht, womit wir es zu tun haben, fügt dieser Gottesgeist doch alles zu einer großen Einheit (nicht Einerlei!) zusammen. Gerade in der Vielfalt der Boten haben wir es letztlich nur mit dem einen zu tun: mit Gottes Wort an uns. Dieses Wort kann empfehlend oder verbindlich, seelsorgerlich oder prophetisch sein. Es bleibt aber immer Gottes Wort.

So hat der Satz zu gelten: Die Schrift *ist* Gottes Wort.

2. Die Offenbarung in Schriftform hat Autorität

Hier stehen sich wiederum zwei Grundauffassungen gegenüber. Die eine sagt: Die Schrift ist nur ein Zeugnis, ein Abglanz der Offenbarung. Das Eigentliche, das »Wort« selbst, liegt »hinter den Wörtern« der Bibel (so z. B. Karl BARTH). Die zweite sagt: Gerade die Schrift ist die gottgewollte Offenbarung. Wir haben Gottes Botschaft *in* den Wörtern und nirgendwo sonst, auch nicht »hinter den Wörtern«. Der Unterschied zu der Fragestellung unter 1. liegt darin, daß es hier nicht mehr um die Aufteilung in Menschen- oder Gotteswort geht, sondern um das, was den Charakter der Offenbarung bzw. letzte Autorität hat: etwas jenseits der Schrift oder die Schrift selbst.

Auch hier wenden wir uns wieder den biblischen Aussagen zu, um eine Antwort zu finden.

Zunächst prüfen wir die Stellung Jesu zu den heiligen

Schriften des Alten Bundes, z. B. an Matthäus 5,17 f.: »Ihr sollt nicht wähnen, daß ich gekommen bin, das Gesetz oder die Propheten aufzulösen ... Bis daß Himmel und Erde vergehe, wird nicht vergehen der kleinste Buchstabe noch ein Häkchen vom Gesetz, bis daß es alles geschehe.« Wenn die Schriftform nur etwas Sekundäres und Unvollkommenes wäre, um den Willen Gottes zu erfahren, dann wären diese beiden Verse verfehlt. Es geht hier ja gerade um das, was im Urtext vorliegt, was Schriftgestalt gewonnen hat. Besonders Vers 18 macht dies deutlich. Der kleinste Buchstabe des Hebräischen ist ein Jod (Jota). Es besteht aus zwei »Häkchen«, die im Winkel von etwa 90 Grad aneinandergesetzt werden. Es kommt Jesus also auf das elementarste Strichlein, auf die Hälfte eines Jod an. Der Sinn dieser Buchstaben besteht darin, daß sie von Gott als Merkzeichen seines Willens und zugleich als Zeichen seiner Erfüllungskraft gesetzt sind: »... bis daß es alles geschehe.« Der Gotteswille hat sich in Form armseliger Buchstaben ausgedrückt und wird gerade darin zum Träger und Motor der Heilsgeschichte.

Die Antwort auf unsere obige Frage muß also lauten: Die Schrift selbst ist die Offenbarung – nicht nur ein Zeugnis von ihr! – und hat demgemäß göttliche Autorität.

Wir überprüfen dieses Ergebnis anhand von Johannes 10,35. Dort ist Jesus in die schwerste Diskussion seines Lebens verwickelt. Er will den jüdischen Schriftgelehrten seine Gottessohnschaft erklären und tut dies mit Psalm 82,6, wo den Israeliten von Gott gesagt wird: »Ihr seid Götter.« Jesu Argumentation lautet: »Wenn er Götter die nennt, zu denen das Wort Gottes geschah – und die Schrift kann nicht aufgelöst werden –«, dann kann er sich erst recht als »Gottes Sohn« bezeichnen. Jesus hat nur deshalb Aussicht, die jüdischen Schriftkenner zu gewinnen, weil ihn mit diesen der gemeinsame Grundsatz verbindet: Die Schrift ist in ihrem Wortbestand verbindlich. Man braucht das Wort nicht »hinter den Wörtern« zu suchen. Die Offenbarung ist in Schriftform ergangen und hat gerade so göttliche Autorität.

3. Die Schrift ist aus Gottes Geist zustande gekommen und gestaltet

Die Entstehung und Gestaltwerdung aus Gottes Geist nennt man mit dem Fachausdruck »Inspiration«. Diese »Inspiration« verursacht den Theologen schwere Probleme.

An dieser Stelle wenden wir uns Hebräer 1,1 f. zu: »Nachdem Gott vor Zeiten manchmal und auf mancherlei Weise geredet hat zu den Vätern durch die Propheten, hat er in diesen letzten Tagen zu uns geredet durch den Sohn.«

Zunächst hilft uns Hebräer 1,1, die Bibel als Einheit zu erfassen. Gott hat nicht nur in Jesus Christus geredet, sondern auch zuvor in den Propheten, unter denen sich sinngemäß auch Mose befindet (Hebr 3,5).

Sodann aber, und das ist der wichtigere Beitrag von Hebräer 1,1 f., erfahren wir hier einiges über das Reden Gottes:
1. Wieder ist es Gott selbst, der »durch« die Verfasser der heiligen Schriften redet. Die menschlichen Boten treten auch in Hebräer 1 zurück. Sie sind lediglich die Vermittler des Gespräches zwischen Gott und Mensch (vgl. 1.).
2. Gott führte dieses Gespräch »auf mancherlei Weise«. Nicht alles ist Diktat, was in der Heiligen Schrift steht. »Mancherlei Weise«: das bedeutet Schauung, Stimme (evtl. Diktat), innere Gewißheit oder forschendes Arbeiten in schriftlichen Quellen und bei Augenzeugen, wie das Lukas von sich sagt (Lk 1,1–4). Die Übermittler als Menschen sind sozusagen voll mit hineingenommen, ohne daß sie zu Urhebern der übermittelten Botschaft werden. Man kann auch sagen: Die Bibel vermittelt kein Gespräch zwischen Mensch und Mensch, sondern zwischen Gott und Mensch – das aber in einer großen Vielfalt! So läßt sich z. B. das in den Evangelien Offenbarte durchaus als ein mehrstufiger Prozeß begreifen, der von Gott dem Vater ausgeht, über Gott den Sohn weiterführt und von da zu den Augenzeugen, zu den ersten schriftlichen Aufzeichnungen und schließlich bis zur Endfassung der Evangelien weitergeht. Doch in allen diesen Stufen ist Gottes Geist am Werk. Er sorgt für das Zustandekommen, für die Gestaltwerdung und schließlich für die Endfassung der Evangelien und der anderen biblischen Bücher. Diesen

ganzen geistgeleiteten Vorgang fassen wir mit dem Begriff »Inspiration« zusammen.

Prüfen wir diesen Punkt noch einmal anhand von 2. Timotheus 3,16 und 2. Petrus 1,19–21. Die erstgenannte Stelle verdeutlicht, daß »alle« heilige Schrift »von Gott eingegeben« ist, daß wir also mit der Einheit der biblischen Bücher rechnen dürfen. Sie liefert darüber hinaus den Begriff »inspiriert« (aus der lateinischen Bibel) und sagt, daß es Gottes Geist war, der die Heilige Schrift entstehen ließ. Die zweite Stelle (2 Petr 1,19 ff.) erklärt, daß Gottes Wort wie ein Licht in der dunklen Welt strahlt (vgl. 2 Petr 1,19 mit Ps 119,105) und daß hier »von dem Heiligen Geist getrieben Menschen von Gott her geredet haben«. Beides ist hier festgehalten: Die Bibel ist nicht vom Himmel gefallen, sondern von Menschen verfaßt, aber diese Verfasser haben »von Gott her« geredet, Gottes Wort vermittelt. Der Heilige Geist umspannt menschliche Arbeit und Gottes Reden in einem für diese Welt einmaligen Vorgang.

Die Schrift ist also aus Gottes Geist zustande gekommen und gestaltet (inspiriert). Gott wachte darüber, daß seine Botschaft zuverlässig übermittelt wurde.

4. Die Schrift ist dynamisch

Wir sind sicher nicht die ersten, die bemerken, daß die Bibel nicht auf alle unsere Fragen antwortet. Das liegt nach ihrer eigenen Aussage daran, daß sie zweckgebunden ist.

Greifen wir noch einmal auf 2. Timotheus 3,16 zurück. Dort heißt es, die Schrift sei »nütze zur Lehre, zur Sündenerkenntnis« usw. und wolle erreichen, daß ein Mensch Gottes »zu allem guten Werk geschickt sei«. Es ist klar, daß Fragen, die z. B. unsere Neugierde stellt, von einer solchen Schrift nicht ohne weiteres beantwortet werden. Dafür hat sie Gott mit einer Wirkungskraft versehen, die geeignet ist, seine Ziele zu erreichen. Mit anderen Worten: Die Schrift hat die Eigenschaft, dynamisch zu sein.

Doch was ist das Ziel dieser Dynamik? In Jesaja 55,11 beschreibt Gott selbst sein Wort: »Ihm wird gelingen, wozu ich es sende.« Im Zusammenhang damit ist von der Heilsgeschichte und von der Endzeit die Rede. Das heißt: Das Wort treibt die Heilsgeschichte vorwärts und führt die Endzeit und die Vollendung aller Pläne Gottes herbei. Dem Wort wohnt also die schöpferische Kraft inne, die es in 1. Mose 1,3 ff. hat und die Johannes 1,3 ff. beschreibt. Diese dynamisch-schöpferische Kraft meint wohl Jesus, wenn er in Matthäus 5,18 vom Gesetz des Alten Bundes sagt: Es »wird nicht vergehen der kleinste Buchstabe noch ein Häkchen vom Gesetz, bis daß es alles geschehe«.

Wenn wir die Dynamik der Schrift verstehen wollen, müssen wir aber außer der Vollendung der Pläne Gottes noch ein zweites Ziel ins Auge fassen. Dieses Ziel enthüllt sich in den Saatgleichnissen Jesu in Matthäus 13 (bzw. Mk 4). Dort wird Gottes Wort mit einem Samen verglichen, aus dem Früchte hervorgehen, nämlich Gottes Kinder (vgl. Mt 13,23.38). Das zweite Ziel des dynamischen Gotteswortes ist also die Veränderung des Menschen.

Wir fassen zusammen: Die Schrift ist dynamisch, weil ihr Wort – ebenso wie der Heilige Geist, der es gestaltet hat – auf die Vollendung der Heilsgeschichte und die positive Veränderung des Menschen hinwirkt.

5. Man kann die Schrift prophetisch lesen

Das soll sagen: Man muß die Schrift nicht prophetisch lesen. Es ist nicht nötig, sie krampfhaft und überall prophetisch zu deuten. Dann aber ist zu fragen, wo und wann ein solches prophetisches Lesen statthaft ist.

Hier bieten sich zunächst die Weissagungen des Alten Testaments an. Es ist ja ganz eindeutig, daß der Alte Bund nicht als etwas Endgültiges verstanden wurde, sondern daß das Alte Testament über sich selbst hinaus in die Zukunft weist. Das gilt für die messianischen Weissagungen ebenso wie für das Endgericht und die Weltvollendung.

Jesus hat aber nicht nur die direkten Weissagungen als Prophetie betrachtet. Das zeigt sich, wenn wir z. B. Matthäus 12,38 ff. untersuchen. Dort sagt Jesus von sich: »Gleichwie Jona drei Tage und drei Nächte in des Fisches Bauch war, so wird der Menschensohn drei Tage und drei Nächte im Schoß der Erde sein« (12,40). Daraus ergibt sich, daß

1. Jesus mit einem realen Geschehen zur Jonazeit rechnete, und daß
2. er im Geschick des Jona eine Weissagung auf sein eigenes Geschick fand.

Jesus verstand also das Alte Testament weithin prophetisch: Was den Propheten widerfuhr, wird ihm als *dem* Propheten schlechthin auch widerfahren; was das Gesetz sagt, das erfüllt sich auch zu seiner Zeit. Sogar die Psalmen sind mindestens teilweise Prophetien auf den Messias (vgl. Mt 21,42; 22,43 ff.; 27,9.34.35.46; Lk 24,44).

So ergibt sich für uns von daher die Möglichkeit, das ganze Alte Testament im Lichte der Erfüllung im Neuen Testament zu lesen und dort, wo es ungezwungen möglich ist, das Alte Testament auch als Prophetie auf den Messias und Heiland der Welt zu verstehen.

6. Ein mehrfacher Schriftsinn ist möglich

Im Grund haben wir das schon unter 5. gesehen. Denn wenn das Jonabuch einerseits ein Prophetenbericht ist, der wichtige Ereignisse aus dem Leben des Jona festhält, und andrerseits eine Prophetie auf den Messias, dann haben wir hier bereits einen doppelten Schriftsinn vor uns: den historischen und den prophetischen.

Nun ist das freilich nicht so selbstverständlich, wie es klingt. Denn die lutherischen Kirchen haben sich auf den Wortsinn (Fachausdruck: sensus literalis) festgelegt und jede darüber hinausgehende geistliche Deutung abgelehnt. Wer von einem mehrfachen Schriftsinn spricht, gerät in den Verdacht, nicht mehr reformatisch zu sein. LUTHERS Entscheidung für den Wortsinn läßt sich allerdings gut verstehen. Er wollte ja den Schutt der falschen Traditionen beiseite räumen, um die Schrift und nichts als die Schrift zu hören. Zu diesen Traditionen gehörte auch ein Wust geistlicher Deutungen. Vielleicht kennen wir selbst Beispiele, wo Brüder mit gutem Willen, aber in oft haarsträubender Art »Geistliches« in der Bibel entdecken, das so nicht da steht. Die Frage ist aber, ob nicht die radikale Beschränkung auf den äußeren Wortsinn über das Ziel hinausgeschossen ist. Es gibt immerhin zu denken, daß LUTHER selbst allegorische Deutungen, d. h. bildhaft-übertragene, benutzt hat. So fand er beispielsweise im Weg einer sehr kunstvollen Auslegung in der Johannesoffenbarung alle Ketzereien der Kirchengeschichte wieder. Oder – um ein anderes Beispiel zu nehmen – er hat den Bauch des Fisches im Jonabuch auf die Höllenqualen des Gewissens gedeutet.

Am besten fragen wir wieder die Bibel selbst. In 1. Korinther 10 lesen wir von der Wüstengeneration der Israeliten: »Sie tranken von dem geistlichen Fels, der mitfolgte, welcher war Christus« (V. 4). Auf diese Weise deutet Paulus 2. Mose 17,6. Der Zusammenhang von 1. Korinther 10 zeigt, daß Paulus durchaus das damalige Geschehen als einen historischen Vorgang stehen läßt. Zugleich aber sieht er im tatsächlichen Felsen von 2. Mose 17,6 einen geistlichen Sinn und deutet ihn deshalb auf Jesus Christus. Vielleicht hat ihm bei dieser Deutung das Jesuswort in Johannes 7,37 f. geholfen.

Daneben steht ein noch ausgeprägteres Beispiel geistlicher Deutung, nämlich in 1. Korinther 9,9 f. Dort führt Paulus 5. Mose 25,4 an: »Du sollst dem Ochsen, der da drischt, das Maul nicht verbinden.« Anschließend stellt er die Frage: »Sorgt sich Gott etwa um die Ochsen?« und gibt selbst die Antwort: »Es ist um unsretwillen (d. h. um der Gemeinde willen) geschrieben.« Hier tritt fast ganz in den Hintergrund, daß Gott in 5. Mose 25,4 zum Schutz der Tiere redete. Viel wichtiger ist in 1. Korinther 9 die geistliche, auf die Menschen übertragbare Deutung. Suchen wir bei Paulus nach einer allgemeinen Auslegungsregel, die solche Fälle umgreift, dann finden wir sie in 1. Korinther 10,11: »Solches widerfuhr jenen (im Alten Testament) als ein Vorbild (griechisch: ›typisch‹). Es ist aber geschrieben uns zur Warnung, auf welche das Ende der Welt gekommen ist.« Paulus löste also keineswegs alles in geistlicher Deutung auf. Er ließ das Geschehene als wirkliche Geschichte stehen. Aber zugleich ist in seinen Augen das Geschichtliche auch »typisch«. Es finden sich in den Vorgängen der damaligen Zeit »typische«, also sich später ähnlich wiederholende Elemente, die eine Deutung auch auf spätere Vorgänge und

Generationen zulassen. Vor allem aber will Gott mit dem im Alten Testament Berichteten »uns« ansprechen, die wir die Gemeinde des Neuen Bundes darstellen und für die »das Ende der Welt« nahe gekommen ist.

Wir können zusammenfassen: Die Bibel selbst kennt einen mehrfachen Schriftsinn. Sie stellt – wie 1. Korinther 9 und 10 zeigen – neben den äußeren Wortsinn mit seiner geschichtlichen (historischen) Deutung auch eine geistliche Deutung. Da diese geistliche Deutung die geschichtliche nicht auflösen darf, sondern auf das »Typische«, in anderen Zeiten sich ähnlich Wiederholende, zu achten hat, bezeichnet man diese geistliche Deutung am besten als die »typologische«. Oben haben wir schon von der prophetisch-messianischen Deutung gesprochen. Berücksichtigt man noch, daß Gleichnisse allegorisch, d. h. bildhaft-übertragen gedeutet werden (z. B. Mt 13,18 ff., 36 ff.), dann kann man wirklich von einem mehrfachen Schriftsinn sprechen: dem geschichtlichen (historischen), dem prophetischen, dem typologischen, dem allegorischen usw. Aber – und damit bleiben wir beim Neuen Testament und bei LUTHER – Ausgangspunkt ist der äußere Wortsinn. Nur sehr vorsichtig kann man von da aus nach weiteren Deutungsmöglichkeiten fragen. Vor allem sollte die sog. »geistliche« Deutung nicht etwas zutage fördern, was wir nicht direkt aus der Schrift belegen können.

7. Die Schrift muß heilsgeschichtlich verstanden werden

Jedem Bibelleser fällt auf, daß von verschiedenen Bundesschlüssen zwischen Gott und den Menschen berichtet wird, so z. B. vom Bund mit Noah (1 Mo 9,8 ff.), mit Abraham (1 Mo 17,1 ff.), mit Israel am Sinai (2 Mo 24) und vom Neuen Bund durch Jesu Sühnetod (Mt 26,28). Zu jedem Bundesschluß gehört auch eine besondere Gesetzgebung. So wird z. B. vom Gesetz des Mose (Lk 24,44; Joh 1,17) und vom Gesetz Christi (1 Kor 9,21; Gal 6,2) gesprochen.

In welchem Verhältnis stehen nun diese verschiedenen Bundesschlüsse und Gesetzgebungen zueinander? Um diese Frage zu beantworten, gehen wir von Galater 3,24 und Römer 10,4 aus. In Galater 3,24 heißt es: »Das Gesetz ist unser Pädagoge geworden auf Christus hin.« Gemeint ist Moses Gesetz, d. h. das Alte Testament. Es hatte also von Gott her eine pädagogische Aufgabe. Diese bestand in der Bewahrung und Erziehung »auf Christus hin«. Als Christus kam, war der »Pädagoge« am Ziel. Daraus ergibt sich, daß wir nicht mehr alles praktizieren müssen, was im Alten Testament steht – jedenfalls nicht im wörtlichen Sinne. Ähnliches ergibt sich aus Römer 10,4. Dort wird »Christus des Gesetzes Ende« oder »des Gesetzes Ziel« genannt. Die Epoche »des Gesetzes« (= des Alten Bundes) endete, als Jesus Christus den Neuen Bund errichtete. Wiederum ist klar, daß man im Neuen Bund prüfen muß, was hier im Neuen Bund gelten soll, und nicht einfach verlängern kann, was im Alten Bund oder gar noch früher im Noah- oder Abrahambund gegolten hat.

Machen wir uns das von zwei Seiten her noch einmal klar. Wir schlachten heute keine Lämmer mehr, denn Christus ist für uns das Lamm, ein für allemal geopfert (1 Kor 5,7; Hebr 9,12 ff.). Wir führen mit dem äußeren Schwert keine Kriege mehr wie das alte Israel, denn unser Schwert ist das Wort Gottes (Mt 26,52; Eph 6,17). Wir führen keine äußere Beschneidung mehr durch, denn durch den Heiligen Geist sind wir am Herzen beschnitten (vgl. Apg 15,5 ff.; Röm 2,29). Alle diese Beispiele – deren Liste sich vielfach vermehren ließe – zeigen uns ein Doppeltes:

1. Im äußeren Sinn vollziehen wir viele Vorschriften des Alten Bundes (mit Recht) nicht mehr;
2. in einem geistlichen Sinne sind sie uns aber nach wie vor wichtig, nämlich als Vorbereitung und Grundlage des Neuen Bundes und als Modell des wahren Gotteswillens.

Hinzu tritt eine Reihe von Vorschriften des Alten Bundes, die als verbindliches Christusgesetz auch in den Neuen Bund übernommen wurden, z. B. die Zehn Gebote. Der Alte Bund ist also weder überflüssig, wie die Deutschen Christen im Dritten Reich meinten, noch einfach verlängert. Vielmehr müssen wir im Sinne Jesu und der Apostel unterscheiden, d. h. jeden Bundesschluß in seinem Zweck und seiner Besonderheit erfassen. Das nennen wir die heilsgeschichtliche oder heilsgeschichtlich gestufte Auslegung der Schrift. Würden wir gefragt, was demnach das Gesetz des Neuen Bundes sei, dann würden wir am besten antworten: Das ist das Gesetz des Alten Bundes in der Form, wie es Jesus und seine Apostel übernommen und gedeutet haben.

Die heilsgeschichtliche Auslegung der Schrift, wie sie vor allem die Väter des Pietismus entwickelt haben, verbindet zwei große Vorteile: Sie lehrt uns die Schrift als eine dynamische Einheit erkennen, und sie bewahrt uns zugleich vor einer Vermischung der göttlich geordneten Epochen. Mit Recht konnte J. A. Bengel sagen: »Unterscheide die Zeiten, und die Schrift wird zur Einheit werden« (*Distingue tempora, et concordabit Scriptura*).

Teil II: Gelebter Glaube in einer umstrittenen Welt

Psychologie – Konkurrent, Kontrahent oder Hilfswissenschaft einer biblisch orientierten Seelsorge?

Michael Dieterich

1. Seelsorge in der Bibel

Der heute so geläufige Begriff »Seelsorger«, der ja oftmals als Berufsbezeichnung für Pfarrer, Pastoren und Prediger synonym gebraucht wird, taucht weder im Alten noch im Neuen Testament auf.

Wahrscheinlich ist »Seelsorge« durch die Übersetzung des lateinischen *cura animarum* (deutsch etwa: »Pflege der/Sorge um die Seelen«) entstanden, das die Tätigkeit (sorgen) des Pastors (Hirten) um seine Gemeindeglieder (Seelen) meint.

Sucht man nach biblischen Aussagen zur »Seele«, findet man – einander ergänzend und auf dem jeweiligen Denkhorizont gesehen – in Altem und Neuem Testament die Worte »näpäš« bzw. »psyche«. Entsprechend der biblischen Anthropologie, die vom Ebenbild Gottes ausgeht, meint der hebräische Begriff »näpäš« (der mit Kehle, Hals, Begehren, Seele oder Leib übersetzt werden kann) den Menschen in seiner gesamtheitlichen Schau.

Das griechische Wort »psyche« im Neuen Testament muß auf dem Denkhintergrund PLATONS gesehen werden, der von edlen und unedlen Bereichen des Menschen ausging und eine Einteilung in Geist, Seele und Leib vornahm. Das Ziel des Menschen ist bei ihm die Befreiung der Seele vom sündigen und unwürdigen Leibe. Jesus hat sich dieser Denkweise entgegengestellt (Joh 9,56). Die Apostel sehen den Menschen in seiner Gesamtheit (1 Thes 5,23), auch wenn sie sich zur Auseinandersetzung mit der heidnischen Umwelt platonischer Denkmittel bedienen, um allseits verstanden zu werden (KÖBERLE, 1984, 30).

Zusammengefaßt kann man heute sagen, daß das platonische Denken, das immer wieder tief in die christliche Lehre eingedrungen ist, zu unbiblischen Konsequenzen führen mußte. Köberle meint (1984, 31), daß überall da, wo es sich durchsetzte, die Leiblichkeit der Schöpfung Gottes nur gering geachtet oder gar verdächtigt wird. »Man will nicht wahrhaben, daß man Gott auch an seinem Leib preisen kann. Die hochmütig gewordene Geist-Seele aber verliert den barmherzigen Blick auf die leiblichen Nöte der Welt und versagt in der sozialen Verantwortung.«

Der biblische Seelenbegriff geht von einem gesamtheitlichen Menschenbild aus (d. h. auch vom gesamtheitlich erlösten Menschen; vgl. 2. Kor 5,17), das zwar – insbesondere im Neuen Testament – Geist, Seele und Leib unterscheidet, nicht aber polarisiert oder voneinander trennt, sondern diese miteinander verwoben sieht: »... euer Geist ganz samt Seele und Leib müsse bewahrt werden ...« (1 Thes 5,23).

Auch wenn »Seelsorge« wörtlich in der Bibel nicht aufzufinden ist, so ist doch das seelsorgerliche Prinzip durchgängig vorhanden. R. Mayer zeigt dies (1983,7) an drei charakteristischen griechischen Verben:

- *Parakalein* meint »einladen«, »herbeirufen«, »um Hilfe bitten«, »ersuchen«, »ansprechen« und »trösten«. Auf diesem Hintergrund hat M. Seitz (1978) eine »parakletische Seelsorge« hergeleitet (1 Kor 12 und Röm 12).
- *Noutetein* meint »zurechtbringen«, »den rechten Weg weisen«, »ans Herz legen« und im weiteren Sinne auch »überführen« und »zurechtweisen«. Begriffe wie »Gemeindezucht« spielen damit eine bedeutsame Rolle (vgl. z. B. 1 Tim 5,20). J. E. Adams hat hierauf seine »nuthetische« Seelsorge begründet (1972, 37 ff.).
- *Luiein* und *dein* meinen mit »lösen« und »binden« bzw. »vergeben« und »behalten« den persönlichen Zuspruch der Sündenvergebung (Mt 16,19; 18,18 und Joh 20,23), den wir besonders im Zusammenhang mit Beichte und zugesprochener Vergebung in der gegenwärtigen seelsorgerlichen Praxis finden.

Aufgabe des Seelsorgers ist es nun, in allen genannten Bereichen wirksam zu werden, und diese umfassende Wirksamkeit ist wohl die angemessene Beschreibung der Seelsorge als einem Teilgebiet der »Praktischen Theologie«.

2. Psychotherapie als Teildisziplin der Psychologie

Die erst ca. 100jährige akademische Disziplin »Psychologie« wird heute in eine Reihe von Teilgebieten aufgefächert (LÜCK, 1981), zu denen u. a. folgende Bereiche gehören:

- Allgemeine Psychologie (Wahrnehmung, Lernen und Gedächtnis, Denken und Problemlösen, Motivation);
- Entwicklungspsychologie (Motorik, Denken, Lernen, die Persönlichkeit in ihrer Veränderung über die Lebensjahre);
- Differentielle Psychologie (unterschiedliche Merkmale der Menschen);
- Sozialpsychologie (Verhalten des Menschen in der Gruppe);
- Arbeitspsychologie (Verhalten des Menschen am Arbeitsplatz);
- Pädagogische Psychologie (Bedingungen des Lernens in der Gruppe, Erziehungsstile);
- Klinische Psychologie (Diagnostik, Beratung und Therapie).

Diese Auflistung zeigt deutlich, daß die »Klinische Psychologie« nur ein Teilgebiet der gesamten Psychologie ist und »Psychologie« keinesfalls als mit »Psychotherapie« synonym betrachtet werden darf.

Das Wort »klinisch« assoziiert zwar sofort den Begriff »Krankheit« – dies ist jedoch für das Arbeitsgebiet der Klinischen Psychologie zu eng gesehen. Neben dem Umgang mit psychisch kranken Menschen gehören Ehe- und Familienberatung, Drogenberatung und Telefonseelsorge zu den Aufgaben des »klinischen« Psychologen.

In den vergangenen Jahrzehnten entstanden (zumeist in den USA) eine Reihe von teilweise recht ausgefallenen Therapieformen zur Heilung seelisch kranker Menschen. – Die meisten blieben jedoch nur vorübergehend modisch. Erhalten haben sich die wenigen »klassischen« Therapien (PONGRATZ, 1975):

- Die *Psychoanalyse* geht auf S. FREUD zurück und sucht Zusammenhänge zwischen frühkindlichen (häufig sexuellen) Erlebnissen, die damals nicht bewältigt wurden und zum gegenwärtigen krankhaften Verhalten führen, aufzufinden.
- Die durch C. ROGERS erstmalig bekanntgewordene »klien-

tenzentrierte« *Gesprächspsychotherapie* versucht durch besondere Gesprächstechniken den »Klienten« so weit zu führen, daß er seine Probleme selbständig erkennt und dann auch eigene Lösungsstrategien entwickelt.

– Die auf den Lerntheorien von Pawlow, Skinner, Watson und Bandura aufgebaute *Verhaltenstherapie* (heute oftmals auch »Verhaltensmodifikation« genannt) geht davon aus, daß die Ursache der Krankheit bzw. des unerwünschten Verhaltens weniger wichtig ist und daß, weil dieses Verhalten erlernt ist, es auch wieder verlernt werden kann.

Sehr wenig präzise wird bei den Theorien zu den genannten Therapieformen die Frage, was denn die Seele sei, wo sie ihren Sitz hat und wie sie im Zusammenspiel mit Körper und Geist agiert bzw. reagiert, beantwortet. Tiefergehende Antworten zu solchen Fragen, die in ihrer Gesamtheit auf das bekannte »Leib-Seele-Problem« hinauslaufen, gibt es nur ansatzweise. Eine Reihe von neueren Betrachtungen, zu denen insbesondere die gemeinsamen Untersuchungen des Philosophen K. Popper und des Hirnphysiologen J. Eccles gehören (1982), zeigen übereinstimmend, daß »Seele« und Gehirn in ständiger Wechselwirkung stehen und nicht voneinander getrennt werden können.

Nachdem in den psychologischen Teildisziplinen während vieler Jahre im Sinne des platonischen Denkens Geist, Seele und Körper isoliert voneinander betrachtet wurden, herrscht heute relativ breite Übereinstimmung darüber, daß Denken, Fühlen und Handeln (in der einschlägigen Terminologie: die kognitiven, affektiven und psychomotorischen Persönlichkeitsaspekte) in einem untrennbaren Interdependenzverhältnis stehen. Man kann also im Grunde genommen die »Seele« nicht nur durch eine Beschreibung der Gefühle, Affekte, Stimmungen usw. feststellen, denn sie ist mit dem Denken und Handeln aufs engste verbunden.

Mit diesen modernen Ansätzen einer gesamtheitlich arbeitenden Psychologie nähert sich die gegenwärtige Psychotherapie weitgehend dem biblischen Seelenbegriff im Sinne des oben beschriebenen »näpäš«, bei dem der Mensch in seiner Gesamtheit gesehen wird.

Anderes war von den anthropologischen Forschungen auch

nicht zu erwarten, denn der objektiv arbeitende Wissenschaftler kann bei seinen Untersuchungen zu keinem anderen als dem von Gott so gewollten Menschenbild kommen.

3. Das Verhältnis von Seelsorge zu Psychotherapie

Vergleicht man biblische Seelsorge mit dem, was die klinische Psychologie in ihren verschiedenen Therapieformen anbietet, so zeigt sich bei einem ersten Überblick so viel Gemeinsames, daß man daran denken könnte, die beiden – dem Menschen helfen wollenden – Disziplinen zu vereinigen. In den USA wird dieser Weg im Zusammenhang mit der Gesprächspsychotherapie schon seit einigen Jahrzehnten gegangen – aber zu Lasten der biblischen Verkündigung.

Auch in der Bundesrepublik kennt man seit Ende der 60er Jahre eine »empirische Wende« (R. MAYER, 1983) bzw. eine »empirische Seelsorge« oder »Seelsorge als Lebensberatung« (STOLLBERG, 1969).

Äußerst kritische Gegenbewegungen waren die Antwort auf eine solche Hinwendung zur Psychologie bzw. einer »Psychotherapie im Kontext der Kirche« (STOLLBERG, 1972), bei der die Seelsorge ihrer theologischen Mitte verlustig ging. So lehnt J. E. ADAMS die psychotherapeutischen Methoden in der Seelsorge rundweg ab (1972) und plädiert für eine »nuthetische Beratung«. Andere Autoren reagierten differenzierter (JENTSCH, 1982), und G. COLLINS meint (1980, 12), daß die Psychologie zwar in sich selbst keine Antwort auf unsere Probleme enthalte, jedoch einen praktischen Wert für den christlichen Berater habe, der größer sei, als dies viele Gläubige bisher erkannt hätten.

Problematisch scheint auf alle Fälle zu sein, wenn sich, wie dies in relativ großem Umfang der Fall ist, aus der psychotherapeutischen Lehre eine Weltanschauung bzw. eine Ersatzreligion entwickelt. Hier muß von theologischer Seite ein energisches Contra gesetzt werden. Zu bedenken gilt jedoch, daß die *Methoden,* die bei den verschiedenen Therapien angewandt werden, deshalb nicht zwingend falsch bzw. unbiblisch sein müssen.

So ist es durchaus möglich und auch biblisch nachweisbar, daß die eine Heilung auslösenden Mechanismen genuin menschlich sind, d. h. von Gott in seinem Schöpfungsplan mit dem »es war sehr gut« vorbereitet wurden. Damit hätten die »Entdecker« der verschiedenen therapeutischen Wege lediglich das gefunden, was Gott seit eh und je so geplant hatte...

Unbiblisch wäre dann nur die auf den heilsamen Mechanismen »aufgepfropfte« Ideologie, beispielsweise die vom »guten« Menschen bei ROGERS oder die des »prinzipiell Machbaren« bei SKINNER.

Eine Reihe von Überlegungen zu einer solchen Lösung, d. h. der Trennung von Ideologie und Methode, wurden bereits beschrieben (DIETERICH, 1984) und bejahen die oben gestellte Fragestellung. Das heißt dann, daß die psychotherapeutischen Methoden zwar reflektiert werden müssen (wie dies beispielsweise im folgenden bei der auf FREUD zurückgehenden Psychoanalyse getan wird), grundsätzlich aber wirksam sind und auch in der christlichen Seelsorge angewandt werden können.

Wenn auf diesem Hintergrund der von christlicher Seite nicht abgelehnten psychotherapeutischen Methoden die Heilung psychisch kranker Christen dennoch oftmals nicht möglich ist, kann dies daran liegen, daß bei einer gesamtheitlichen Betrachtung des Christen zu Geist, Seele und Leib der Heilige Geist, der eben nur dem wiedergeborenen Christen eigen ist (Röm 8,14.26), mit einbezogen werden muß (McKENNA, 1981,5). Der Heilige Geist steht in einem engen Wechselverhältnis mit der Seele und darf deshalb bei deren Behandlung nicht ausgeblendet werden.

Psychotherapeuten, die den Heiligen Geist nicht kennen oder erkennen wollen, müssen deshalb in vielen Fällen zu einer falschen Diagnose des seelisch kranken Christen kommen. Für den psychotherapeutisch arbeitenden Seelsorger gilt es die Zusammenhänge zu sehen: Einladen, herbeirufen, ermuntern, trösten, belehren, ermahnen, zurechtbringen, lösen und binden kann durch die von den klassischen Therapien her bekannten Methoden eingeleitet und gefördert werden. Der Heilige Geist führt und leitet dabei.

Wichtig ist jedoch bei jeder Seelsorge zu wissen, daß biblische Aussagen (z. B. im Sinne der Heilslehre, der Gebote usw.) normativen Charakter tragen, also nicht diskutierbare Letztaussagen sind, während die therapeutischen Maßnahmen im Sinne der empirisch-psychologischen Wissenschaft vorläufig sind, d. h. sich an der Erfahrung und in der Praxis bewähren sollen. Praktisch bedeutet dies: Bei biblischen Aussagen gibt es *den* Weg (Joh 14,6), während es bei der methodischen Vorgehensweise der Therapie *viele mögliche Wege* geben kann.

4. Praktische Konsequenzen für die Seelsorgearbeit

In der Praxis kann, insbesondere vom Ratsuchenden her gesehen, zwischen Seelsorge und Psychotherapie nicht getrennt werden. Diese Differenzierung mit den daraus folgenden Konsequenzen für Wahrheit bzw. Richtigkeit der Aussagen muß vom Seelsorger übernommen und verantwortet werden.

Im Gespräch steht vor dem Seelsorger ein Mensch, der in Bedrängnis ist, ein Christ, der der Hilfe bedarf. In der Regel kann man zwischen Hilferufen auf dem Hintergrund theologischer Probleme und Fragen von eher lebenspraktischer Bedeutung trennen. Häufig bedingen sich aber auch beide Arten der Fragestellung.

Sinnvoll ist es in beiden Fällen, entsprechend der Vorgehensweise der Psychotherapie, zuerst eine *Anamnese* durchzuführen, d. h. die begleitenden Umstände ins Gedächtnis zurückzurufen, danach nach der *Ätiologie*, d. h. der Herkunftsgeschichte des Problems zu fragen und anschließend die *Therapie* einzuleiten.

4.1. Anamnese

Die Forschungen der modernen Denkpsychologie (vgl. u. a. Lazarus, 1976; Piaget, 1978) haben gezeigt, daß Menschen die Tendenz haben, nur das aufzunehmen und im Gedächtnis zu behalten, was in ihren Denkrahmen paßt. Deshalb ist es notwendig, eine Anamnese zu erstellen, das heißt ins Gedächtnis zurückzurufen, unter welchen Umständen sich das unerwünschte Verhalten immer wieder zeigt. Erleichtert wird diese Anamnese, wenn der Ratsuchende Protokoll (Tagebuch!) über sein Verhalten geführt hat. Dies sollte angeregt und darum gebeten werden, auch scheinbar Unwichtiges zu notieren. Es ist nicht wichtig, daß bei einer solchen Tagebuchführung auf die Gesetzmäßigkeiten des Verhaltens geachtet wird; es genügt, einfach aufzuschreiben. Dabei kann es hilfreich sein, wenn man sich folgende Fragen stellt:

- Wann ist das Verhalten erstmalig aufgetreten, bzw. tritt es immer wieder auf?
- Wo hat sich das Verhalten gezeigt, bzw. zeigt es sich immer wieder?
- Welche Personen waren bzw. sind dabei?
- Unter welchen Umständen tritt das Verhalten immer wieder auf?

Mit den Antworten auf diese Frage werden die begleitenden Umstände bzw. oftmals auch schon die Ursachen herausgearbeitet – und damit das Problem in vielen Fällen relativiert bzw. bereits gelöst.

4.2. Ätiologie

Fragen nach den Ursachen nehmen in der Seelsorgepraxis einen sehr wichtigen Stellenwert ein. Zu prüfen ist jedoch, ob dieser Stellenwert auch theologisch gerechtfertigt ist, denn es könnte ja sein, daß ätiologische Fragen nur deshalb im Mittelpunkt stehen, weil es eben »modisch« ist, so zu fragen.

In der Seelsorge tauchen immer wieder Fragestellungen auf, die frühkindliche Ursachen für abnorme Verhaltensweisen suchen. Ohne Zweifel gibt es hier Zusammenhänge – aber diese sind längst nicht so gut abgesichert, wie immer wieder vermutet wird. So kann heute zur FREUDschen Psychoanalyse, die ja Leitlinie für ätiologische Fragestellung geblieben ist und mit ihren Paradigmen unser Jahrhundert geprägt hat, folgendes zusammenfassend festgestellt werden (vgl. ZIMMER, 1982, 17 ff; ESCHENRÖDER, 1984):

- Die Psychoanalyse hat in den vergangenen Jahrzehnten zunehmend den Kontakt zur wissenschaftlichen Psychologie verloren und ist zu einer Weltanschauung geworden.
- Die Ergebnisse psychoanalytischer Bemühungen lassen sich mit den in der wissenschaftlichen Psychologie üblichen empirischen Methoden nicht untersuchen – und damit auch nicht widerlegen. Sie müßten hierzu falsifizierbar angelegt sein. Wer gegen die Ergebnisse psychoanalytischer Untersuchungen angeht, wird der »Reaktionsbildung« bezichtigt.
- Neuere Untersuchungen haben deutlich gezeigt, daß Kognitionen und Emotionen eine wesentlich bedeutendere Rolle als die sog. »Triebe« darstellen bzw. daß sie mit diesen zumindest in sehr differenzierter Form zusammenwirken.
- Die Überbetonung des »Sexualtriebes« muß auf dem Hintergrund der Gesellschaft, in der FREUD aufwuchs, gesehen werden. Aber auch zusammen mit dem »Todestrieb« sind diese beiden Antipoden der »Triebstruktur« nicht hinreichend, um die komplexe Persönlichkeitsstruktur des Menschen aufzuschlüsseln.
- Problematisch ist die Entwicklungslehre der Psychoanalyse, die davon ausgeht, daß eine Reihe psychosexueller Stufen aufeinander aufbauen und es in jeder Stufe zu typischen Störungen kommen kann, die sich dann im Erwachsenenalter bemerkbar machen: Babys, die zu früh abgestillt wurden, übertriebene Sauberkeitserziehung der Kleinkinder, unbewältigtes Liebesverlangen nach dem gegengeschlechtlichen Elternteil usw. Solches soll – so FREUD – zu feindseligen Einstellungen, eigensinnigem Verhalten, übertriebener Sparsamkeit, Hysterie und sexuellen Perversionen führen (vgl. auch MEVES, 1983).

  Mit empirischen Untersuchungen konnte in keinem dieser Fälle eine signifikante Kausalität nachgewiesen werden. Natürlich gibt es Zusammenhänge zwischen frühkindlicher Vergangenheit und der Gegenwart – aber diese sind keinesfalls so einfach und eindeutig zu bestimmen, wie FREUD dies vermutet hatte.
- Auch die Schichtung in »Bewußtes« und »Unbewußtes« bzw. die Einteilung in »Ich«, »Es« und »Überich« sind stark

vereinfachte Modelle der menschlichen Psyche. Die derzeitigen Forschungen zur menschlichen Persönlichkeit halten sich hier eher zurück, und Fachleute sind der Meinung, daß wir zu unserer Seele so gut wie keinen Zugang haben.

Faßt man diese Ereignisse zusammen, so kann zur FREUDschen Tiefenpsychologie gesagt werden, daß sie zwar sehr anschauliche und eingängige Bilder gebraucht, um damit das menschliche Seelenleben aufzudecken. Die Zusammenhänge zwischen frühkindlichem Erleben und dessen Folgen im Erwachsenenalter sind jedoch keinesfalls zwingend.

Daß das FREUDsche Paradigma weitverbreitet ist, einer Vielzahl von Romanen den »wissenschaftlichen« Hintergrund geliefert hat, daß es sogar in die theologische Literatur (bis hin zu evangelikalen Büchern) Eingang gefunden hat, legitimiert nicht die Richtigkeit des Ansatzes, denn die Quantität ihrer Anhänger steht nicht in einem zwingenden Zusammenhang mit der Qualität einer Lehrmeinung.

Ätiologische Fragestellungen sind jedoch – auch wenn sie nicht, wie von FREUD noch angenommen, empirisch bestätigt werden können – für die Seelsorge recht bedeutsam – allerdings mit einem vollkommen anderen Hintergrund. Eine Ätiologie im Rahmen der biblischen Seelsorge kann unter folgenden Schwerpunkten gesehen werden:

– Zentrales Bibelwort zur Bewältigung der Vergangenheit ist die Bitte Davids in Psalm 139,23 f. Hiermit verbindet sich die Bitte um die Vergebung auch der unerkannten Sünden in Psalm 19,13. Christen können dann mit großer Zuversicht 1. Johannes 1,9 in Anspruch nehmen und um Reinigung von unerkannten Sünden durch das Blut Jesu Christi bitten.
– Wem Vergebung der Sünden geschenkt ist, der sollte diese Vergebung – im Sinne von Epheser 4,32 – auch weitergeben! Immer wieder zeigt sich in seelsorgerlich-therapeutischen Gesprächen, daß hier der biblisch aufgezeigte Weg nicht gegangen wird, daß viele Jahre lang einst erlebte Ungerechtigkeiten nachgetragen und nicht vergessen werden. Das Pauluswort: »Ich vergesse, was dahinten ist...« (Phil 3,14) kann hier sehr hilfreich sein, ebenso die Aussage

von V. Frankl: »Heute ist der erste Tag deines restlichen Lebens...« (1977, 1981).

- Es ist legitim und in der Art des menschlichen Denkens begründet, daß Ratsuchende nach den Ursachen, die zu ihrem Problem führten, suchen. Auch wenn, wie oben beschrieben, die Vergangenheit auf theologischem Hintergrund bewältigt ist, werden immer wieder Fragen nach den Zusammenhängen, nach dem »Warum« auftreten. In vielen Fällen ist es hilfreich, zu erklären, daß Probleme meist viele Ursachen haben, die sich oftmals auch gegenseitig beeinflussen.

Mit dem biblischen Wissen einer geklärten Vergangenheit müssen mögliche Zusammenhänge ja nicht zwingend aufgeklärt werden. Häufig gleicht das Aufdecken geradezu dem Entblättern einer Zwiebel, bei der man eine Schale nach der andern wegnimmt, um dann bei der letzten Schale erstaunt festzustellen, daß überhaupt nichts mehr vorhanden ist...

Nochmals: Hiermit soll nicht gesagt werden, daß die Klärung der Vergangenheit ohne Bedeutung sei, aber sie wird vollkommen andersartig als bei der Psychoanalyse »aufgearbeitet«. Wenn Paulus schreibt: »Als wir noch Sünder waren...« (Röm 6,17–18) weist er ja darauf hin, daß das, was war, nicht verdrängt wurde, daß er sich sehr wohl daran zu erinnern weiß. Christen können also zu ihrer Vergangenheit stehen – sie wissen sie aber durch Jesus Christus gelöst.

4.3. Therapie

Für die Seelsorgearbeit an Christen sollte vor allem der geistliche Zustand des Ratsuchenden im Mittelpunkt des Gespräches stehen. Es gibt zwar in der Bibel eine Reihe von Berichten, denen zu entnehmen ist, daß nach der Sündenvergebung auch körperliche und psychische Veränderungen die Folge waren (Mt 9,2–7) – und das ist ja auch deshalb verständlich, weil – wie bereits oben bemerkt – beim Christen Geist, Seele, Leib und das Wirken des Heiligen Geistes in engem Zusammenhang stehen. Zwingend oder gar kausal sind solche körperlichen oder psychischen Heilungen jedoch nicht. Primäres Ziel einer biblisch orientierten Seelsorge kann es demnach auch nicht sein, die Heilung aller körperlichen und seelischen Beschwerden zu erreichen. Es ist mit dieser Erkenntnis unzulässig, körperliche und seelische Krankheiten in einen direkten Zusammenhang mit der »Sünde« zu bringen: Eine ganze Reihe von biblischen Berichten zeigt uns, daß trotz zugesprochener Sündenvergebung eine Heilung der körperlichen oder seelischen Gebrechen nicht erfolgt ist (2 Kor 12,9).

Dieser Sachverhalt darf nun natürlich nicht in platonischer Denkweise so gewendet werden, daß der körperliche bzw. seelische Aspekt für den Seelsorger unwichtig oder ein Aspekt geringeren Wertes sei. Es geht hier vielmehr um die Frage der Prioritäten: Gott hat den Menschen ganzheitlich geschaffen – das heißt, daß nach der Klärung der theologischen Sachverhalte (zu denen u. a. Beichte, Lossprechung, gemeinsames Gebet, aber auch die Klärung von Fragen des täglichen Lebens, zu denen die Bibel eindeutige Aussagen macht, gehören) Seelsorger häufig angehalten sind, auch bei körperlichen und seelischen Beschwerden zu helfen.

Für die praktische Seelsorgearbeit kann die oben beschriebene Anamnese mit den Überlegungen zur Ursachengeschichte (Ätiologie) sehr hilfreich sein. Dabei sollte man zuerst zusammen mit dem Ratsuchenden darüber nachdenken, in welchem Umfeld das problematische Verhalten vorkommt. Da alle Menschen nur selektiv wahrnehmen, wäre zu überprüfen, was der Ratsuchende bewußt nicht sehen, erkennen oder wahrhaben will – welche Sachverhalte bevorzugt und welche immer wieder unterdrückt werden. Hierzu können die Vorgehensweisen der verschiedenen therapeutischen Verfahren dienlich sein. Bei einer Übersicht über die derzeit üblichen Therapieformen zeigt sich dabei folgendes:

- Die verschiedenen psychotherapeutischen »Schulen« (Gesprächspsychotherapie, Verhaltenstherapie, Tiefenpsychologie usw.) haben divergierende, ganz verschiedenartige theoretische Hintergründe und befinden sich deshalb in Konkurrenz zueinander. Interessant ist nun, daß trotz stark voneinander abweichender Theorieansätze Erfolge bei *allen* therapeutischen Schulen nachweisbar sind. Allerdings sind die Erfolge niemals so sicher, wie dies etwa in der medizinischen Therapie der Fall ist. (Immer wieder hört man die ironische Redeweise, daß der Erfolg einer psychotherapeutischen Behandlung etwas größer als der ohne eine solche Behandlung sei ...)

- Weil nun alle Therapieerfolge (trotz der »wissenschaftlichen« Argumente gegeneinander) hilfreich sind, läßt sich vermuten, daß es nicht die Unterschiede, sondern die Gemeinsamkeiten sind, die zum Erfolg führen. BERGIN und LAMBERT haben bereits 1978 dazu folgendes zeigen können (zit. bei ZIMMER, 1982):
  a) Allen Therapieformen gemeinsam ist, daß der Wunsch des Ratsuchenden bestehen sollte, etwas an sich ändern zu wollen. Psychotherapie (aber auch Seelsorge) sollte nicht wegen der Eltern, wegen des Partners usw., sondern aus eigener Betroffenheit begonnen werden. Der Fachausdruck »Leidensdruck« zeigt sehr deutlich, was damit gemeint ist.
  b) Wichtig ist, daß zwischen dem Ratsuchenden und dem Therapeuten bzw. Seelsorger eine vertrauensvolle Beziehung bestehen kann. Letzterer soll geduldig und hilfsbereit sein und den Ratsuchenden sehr vorsichtig aus seiner Verteidigungshaltung herausführen.
  c) Von großer Bedeutung ist weiterhin, daß der Therapeut (bzw. Seelsorger) eine Erklärung für die Probleme des Ratsuchenden anzubieten weiß.

Wie schon oben dargestellt, ist dies wegen der Komplexität des Geschehens zwar in den meisten Fällen gar nicht möglich, doch es ist für den Heilungsprozeß sehr hilfreich, wenn der Ratsuchende zumindest eine für den jeweiligen Zustand hinreichende Erklärung der möglichen Zusammenhänge sehen kann.

Literaturangaben

ADAMS, J. E.: Befreiende Seelsorge, Gießen 1972.

COLLINS, G.: Psychology and Christianity: friends or enemies. In: The Christian Counsellor's Journal (Walton-on-Thames, Surrey) Vol. 1, Iss. 3, 1980.

DIETERICH, M.: Psychologie contra Seelsorge?, Neuhausen 1984.

ESCHENRÖDER, C.: Hier irrte Freud. Zur Kritik der psychoanalytischen Praxis, München 1984.

FRANKL, V.: Das Leiden am sinnlosen Leben, Freiburg 1977.

FRANKL, V.: Die Sinnfrage in der Psychotherapie, München 1981.

JENTSCH, W.: Der Seelsorger, Moers 1982.

KÖBERLE, A.: Griechisches und biblisches Seelenverständnis, in: Schritte (1984), 30–32.

KÖBERLE, A.: Das geheimnisvolle Reich der Seele, Freiburg 1984.

LÜCK, H.: Einführung in die Psychologie. Fernuniversität Hagen Kurseinheit 1: Grundfragen der Psychologie, Hagen 1981.

MAYER, R.: Seelsorge zwischen Humanwissenschaft und Theologie, in: Theologische Beiträge 14 (1983) 1,6–21.

MEVES, Christa: Erziehen lernen aus tiefenpsychologischer Sicht, Freiburg 1983.

MCKENNA, D.: Jesus and the secular psychologists. In: The Christian Counsellor's Journal (Walton-on-Thames, Surrey) Vol. 3, Iss. 2, 1981.

LAZARUS, A.: Angewandte Verhaltenstherapie, Stuttgart 1976.

PONGRATZ, L.: Lehrbuch der klinischen Psychologie, Göttingen 1975.

POPPER, K.; ECCLES, J.: Das Ich und sein Gehirn, München 1982.

PIAGET, J.: Das Weltbild des Kindes, Stuttgart 1978.

SEITZ, M.: Überlegungen zum Verhältnis von Theologie und Psychologie, in: GUTSCHE, F. (Hrsg.), Mut zur Seelsorge, Wuppertal 1974.

STOLLBERG, D.: Therapeutische Seelsorge, München 1969.

STOLLBERG, D.: Mein Auftrag – Deine Freiheit. Thesen zur Seelsorge, München 1972.

ZIMMER, D.: Der Aberglaube unseres Jahrhunderts, in: Die Zeit (1982) Nr. 45, 17 ff.

Ehe ohne Trauschein

Hansfrieder Hellenschmidt

Erstaunt nahmen nicht wenige Gemeindeglieder in den Tageszeitungen die Mitteilung zur Kenntnis: Pfarrer sind nicht mehr einig darüber, daß Christen selbstverständlich die standesamtliche Eheschließung und die kirchliche Trauung begehren sollen. Die entstandene Aufregung war groß, geht es doch in der Frage »Ehe ohne Trauschein?« um einen Angriff auf die seither von der Kirche mitverantwortete Eheordnung in unserem Volk.

Der Ausdruck des Entsetzens auf der einen und die hämische Schadenfreude auf der anderen Seite hatten in den Zeitungen ihre Ursache an manchen ehelichen und familiären Verhältnissen »unter dem Pfarrhausdach«. Keineswegs darf dies verharmlost werden; aber es wäre unverantwortlich, nicht gleichzeitig darauf hinzuweisen, daß viele Gemeindeglieder in der gleichen Praxis der »Ehe ohne Trauschein« stehen oder sie bei ihren Kindern in einzelnen Fällen nicht nur tolerieren, sondern aus recht äußerlichen Gründen »verstehen«.

Genügt es nun, den vorhandenen Mißstand anzuprangern und in »gebotener Eindeutigkeit« zu verurteilen? Ganz gewiß nicht. Zorn und bloßes Verurteilen helfen nicht weiter. Was in diesen und anderen sittlichen Fragen verändernd in unserer Kirche und in unserem Volke geschieht, hat tiefere Ursachen, als daß es mit einem räsonierenden Aufbegehren und mit einem strengen Ordnungsruf wieder ins Lot gebracht werden könnte.

Bevor bedacht werden kann, was der schöpfungsmäßige Sinn der Ehe für einen Christen ist und was Rechtsordnung und Liebe in der Ehe miteinander zu tun haben, soll eine Analyse für die Ursache des Zerfalls seitheriger Moral- und Wertvorstellungen versucht werden. Ohne sie bliebe vieles von dem, was in der Gegenwart plötzlich aufbricht und notvoll wird, unverstanden, und man würde sich mit der volkstümlichen Meinung betrügen, daß die Zeit alles wieder zurechtbringe und heile. Dieser naiven Verharmlosung steht die kritische Betrachtung der Geschichte entgegen, weil in ihr deutlich wird: Dem äußeren Abfall von einer Sitte oder einer Ordnung geht der innere Abfall seit Jahrzehnten, vielleicht sogar seit Jahrhunderten voraus. Vorgänge in der Geschichte sind keine zufälligen Erscheinungen. Sie haben ihren Grund vielmehr im jeweiligen Geist, der in der Geschichte bestimmend geworden ist und durch Generationen sein Wesen zur Entfaltung brachte.

1. Unsere vom Geist der Aufklärung geprägte Zeit

Wir erleben eine Zeit, in der christliche Sitten, die anerkannt waren und in unserem Volke eine lange und bewährte Geschichte hatten, nicht nur in Frage gestellt, sondern »abgeschafft« werden. Eine neue Mentalität hat sich zu Wort gemeldet. An fast allen Orten erhebt eine nicht zu unterschätzende Minderheit von Neuerern ihre Stimme, die eine stille Gesinnungsmehrheit in unserem Volke zur Basis hat. Gefordert werden neue Lebensformen. Dabei handelt es sich keineswegs nur um einen pubertären Protest der Jungen gegen die Alten. Solche Argumentation verkennt die Herkunft der neuen Mentalität, die das Volksganze, Staat und Kirche in gleicher Weise, ins Gespräch, noch vielmehr in die Rechenschaft für das seither veranstaltete Leben und seine Formen ziehen möchte.

Ohne Frage meldet sich in den als notvoll empfundenen Vorgängen der Geist der Aufklärung wieder zu Wort. Was vor 200 Jahren begonnen hat, drängt zum Abschluß. Die Aufklärung begann als eine Kultur- und Geistesbewegung, die durch Denker wie Immanuel KANT und andere mächtigen Auftrieb bekommen hatte. Worte des Königsberger Philosophen charakterisieren bis heute noch am besten, was Aufklärung damals bedeutete und heute noch will: »Aufklärung ist der Ausgang des Menschen aus seiner selbstverschuldeten Unmündigkeit. Unmündigkeit ist das Unvermögen, sich seines Verstandes ohne Leitung eines anderen zu bedienen ... Habe Mut, dich deines eigenen Verstandes zu bedienen! ist also der Wahlspruch der Aufklärung.« (I. KANT, Beantwortung der Frage: Was ist Aufklärung?, in: Ders., Werke in zehn Bänden, Hg. von W. WEISCHEDEL, Bd. 9, Darmstadt 1983, S. 53.)

Es ist hier nicht der Ort, KANT und seine Auffassung von Aufklärung zu würdigen. Zweifelsohne muß aber heute festgestellt werden, daß im großen Chor der Aufklärung sich vor allem ganz andere Geister durchgesetzt und bestimmend zu Wort gemeldet haben. Karl MARX und im Laufe der Geschichte seine Nachfolger maßen sich nämlich nicht nur an, ihre Hand auf die Geschichte zu legen, sondern sie wesentlich umzuschreiben.

Im Zuge der sich mehr und mehr von Gott emanzipierenden Gesellschaft geht es darum, die abendländisch-christliche Moral zu überwinden und durch eine freilich bis heute nicht eindeutig definierte Moral zu ersetzen. An die Stelle eines fehlenden Maßstabes ist eine schwärmerische Stimmung unter dem ungeklärten Begriff »Liebe« getreten. Im Namen dieser unbestimmten Liebe werden bis dahin anerkannte Ordnungen relativiert und aufgelöst.

Die Folge dieser Entwicklung ist eine zersplitterte Bewußtseinslage in unserer Zeit, so daß wir augenblicklich in lebenswichtigen Fragen von einer Ratlosigkeit in die andere stolpern. In der Kirche werden wir in manchen dieser emanzipatorischen Vorgänge eine Konfrontation zwischen Glauben und Unglauben, das heißt zwischen Gehorsam und Ungehorsam gegenüber dem göttlichen Gebot, zu sehen haben.

Ich bin der Überzeugung, daß alle jene recht haben, die von einer fundamentalen Krise in unseren Tagen sprechen. Zumindest zeigen Äußerungen zur Ehe und zu anderen Institutionen, daß im Zuge der Emanzipation bisherige Traditionen, Inhalte und Formen des Glaubens erschüttert und überwunden werden sollen. Recht besehen muß hier von einer Entchristlichung des Lebens wie auch von einer Enttheologisierung sittlichen Denkens gesprochen werden.

Das also ist die Situation, in der auch im Raume der Kirche die Diskussion um die Ehe geführt werden muß. Wir sind herausgefordert, und niemand kann sich dieser Herausforderung entziehen. In redlicher Anstrengung müssen wir uns neu um eine verbindliche Aussage über die Ehe mühen.

2. Die biblisch-schöpfungstheologische Auffassung der Ehe

Von Anfang an hat Gott den Menschen als zweigeschlechtliches Wesen gewollt. Die Bibel erzählt, daß Gott den Menschen als Mann und Frau geschaffen und beide in ihrer Geschlechtsverschiedenheit zur Einheit in der gestifteten Ehegemeinschaft bestimmt hat. In dieser schöpfungsmäßigen Bestimmung, füreinander da zu sein, erfüllt sich durch den Wechsel der Generationen hindurch unablässig das Bibelwort: »Darum wird ein Mensch seinen Vater und seine Mutter verlassen und seinem Weibe anhangen, und sie werden ein Fleisch sein« (1 Mo 2,24).

In diesem Ein-Fleisch-Sein von Mann und Frau lebt und wirkt der Schöpferwille Gottes, die Menschheit im ununterbrochenen Werden neuer Menschen zu erhalten und auf diese Weise dafür zu sorgen, daß der Mensch als der Repräsentant der Schöpfung in der geschenkten Ebenbildlichkeit vor seinem Schöpfer steht, ihn lobt und ehrt.

Der schöpfungsmäßige Sinn der Ehe ist mit dem Wort von der Erhaltung des Menschengeschlechts durch Zeugung noch nicht völlig herausgestellt. Es wäre auch ein Mißverständnis, das Ein-Fleisch-Sein nur auf die geschlechtliche Vereinigung von Mann und Frau zu beziehen. Gerade in unserer Zeit muß dies betont werden, weil da, wo das Verlangen des einen nach dem anderen zum triebhaften Begehren geworden ist, die Würde des Menschen im Zeichen der Ebenbildlichkeit verlorengeht und die Reduzierung der Ehe auf die körperliche Vereinigung von Mann und Frau dem Wesen der Ehe zutiefst widerspricht. Das biblische Eheverständnis ist umfassender.

Die Ehe geschieht nicht einseitig auf der Ebene des Leibes, sondern im Gesamtbereich menschlicher Existenz, die ihre Ordnung um der Ebenbildlichkeit willen im Wesen des Geistes hat. Was aber heißt das?

Als Gott dem Menschen seinen Odem einblies, gewann der Mensch die Ebenbildlichkeit. Fortan war er zur Anteilnahme am Leben des Geistes befähigt. Gott hatte den Menschen für sich geöffnet, auf sich hin veranlagt und zur Gemeinschaft mit ihm berufen. Wahr ist das Wort: »Denn geschaffen hast du (Gott) uns zu dir, und ruhelos ist unser Herz, bis daß es seine Ruhe hat in dir« (AUGUSTINUS, Confessiones I,1).

Wir begegnen hier einem geheimnisvollen Verlangen Gottes. Er möchte mit dem Menschen, dem er Gehör und Stimme gab, Gemeinschaft haben. Gott will mit dem Menschen im Geiste verkehren, mit ihm reden, und er soll auf ihn hören und die Gnade der Gemeinschaft in der Anbetung vollenden.

Die Offenheit des Menschen zu Gott und sein Vermögen, mit Gott Gemeinschaft zu haben, sollen nach dem Willen des Schöpfers ihre Entsprechung in der Ehegemeinschaft finden. Auch in ihr soll sich das Leben aus dem Geiste entfalten und dem, was Ebenbildlichkeit heißt, noch einmal eine andere Gestalt geben.

Im gemeinsamen Gespräch der Ehepartner, im Austausch von Gedanken, Erfahrungen, Einsichten und Empfindungen ist die Gestalt der Ebenbildlichkeit da.

Unter dem Einfluß des Geistes kommt es darum darauf an, daß alle Lebensvollzüge in der Ehe dem Geiste gemäß werden. Gerade um der Ebenbildlichkeit willen dürfen Mann und Frau keinen Bereich der ehelichen Gemeinschaft dem Gesetz der Natur überlassen. Denn wo das Begehren des Leibes das Leben bestimmt und das Sexualverlangen im Reiche der Natur alleingelassen wird, ist für den Menschen immer Gefahr. Unter dem Diktat des Sexus kann die Widerspiegelung der Gemeinschaft des Menschen mit Gott in der Ehegemeinschaft nicht gelingen. Erst unter dem Geist empfängt der Mensch für das Leben im Leibe die rechte Ordnung, und erst dadurch wird dem Menschen die eheliche Gemeinschaft auf allen Ebenen beglückend und schön.

In der biblisch begründeten Ehe geht es also um die volle Gemeinschaft für Mann und Frau nach Geist, Seele und Leib. Alle Einseitigkeiten in der Ehe sind böse Verfehlungen. Aus diesem Grunde müssen sowohl das Mißverständnis der platonischen Liebe oder katholisch inspirierten Josephs-Ehe, die beide den Leib verachten und nur die geistige Gemeinschaft der Eheleute begehren, als auch die einseitige Reduzierung der ehelichen Gemeinschaft auf das Leibliche abgelehnt werden. Die biblische Ehe will die Ganzheit. Das Ein-Fleisch-Sein duldet keine Vereinseitigungen. Vereinseitigungen sind Verkürzungen und haben – von Ausnahmen abgesehen – meist notvolle Folgen im Verhältnis der Geschlechter.

So ist die Ehe weder ein naturgesetzliches Ereignis zur Befriedigung von Trieben noch ein Gemeinschaftsverhältnis, in dem Mann und Frau nur im Geiste miteinander verkehren. Die Ehe ist eine ganzheitliche Gemeinschaft und umfaßt die gesamte Existenz von Mann und Frau ohne Ausgrenzung eines Lebensbereiches. Das kann nicht anders sein, weil die Ehe ihren Grund nicht in der Natur, sondern im Stifterwillen Gottes hat. Von Anfang an hat Gott die Ehe so gewollt und angelegt, daß das Ein-Fleisch-Sein von Mann und Frau im Zeichen der Ebenbildlichkeit auch zum Gleichnis für Gottes Liebe und Treue zum Menschen werden kann.

Es könnte der Eindruck entstanden sein, daß alles idealisiert und auf unerlaubte Weise überhöht worden sei. Denn wer kann Ehe je so leben, daß sie sich im Zeichen der Ebenbildlichkeit ihrer Bestimmung gemäß entfaltet? Wir schrecken darum leicht vor solchen Einsichten zurück, denn unsere Ehen stehen im Zeichen des Sündenfalls. Mann und Frau leiden an ihrer Unvollkommenheit und ringen oft vergeblich je für sich und auch im gemeinsamen Eheleben, die Spannung zwischen Naturgesetz und Freiheit des Geistes auszuhalten oder gar zu versöhnen.

Weil Gott um unsere Ehenot, um die Brüchigkeit unseres Treueverhältnisses, um unsere Anfechtungen und Versuchungen in der Ehe weiß, mit denen wir das Wesen der Ehe leicht verraten und ihre Bestimmung nicht erfüllen, gibt er ihr eine Ordnung, die seinem Willen entspricht, und entzieht sie damit dem willkürlichen Umgang durch den Menschen.

Ohne Frage ist dies ein Akt göttlicher Barmherzigkeit. Denn das Ein-Fleisch-Sein von Mann und Frau soll dem Menschen trotz der im Sündenfall zerbrochenen Einheit von Geist, Seele und Leib in zeichenhafter Abschattung unter göttlicher Geduld möglich werden. Damit es nun gelingt, verfügt Gott dem Menschen zur Hilfe: »Du sollst nicht ehebrechen!« Und Jesus deutet den Gotteswillen mit den Worten: »Was Gott zusammengefügt hat, das soll der Mensch nicht scheiden!« Unwiderruflich ist Gottes Wille, der Ehe eine helfende Ordnung zu geben, sie unter sein Recht zu stellen und sie damit zu schützen.

Aber genau an diesem Punkt erhebt sich heute der Einspruch. Der moderne Mensch sieht in der Rechtsordnung, die die biblisch verstandene Ehe umgibt, einen Angriff auf sein andersgeartetes Liebes- und Eheverständnis. Er will Ehe ohne Heirat, also Ehe ohne Eheordnung. Man möchte sich vielmehr alle Möglichkeiten offen halten. Es könnte ja doch die Zeit kommen, wo man alte Bindungen lösen und sich in freier Selbstbestimmung in neuer Liebe einem anderen Menschen zuwenden möchte. Diesem Einspruch müssen wir uns jetzt noch zuwenden.

3. Die gegenseitige Bedingtheit von Ordnung und Liebe

Bei verständnislosem Hinsehen kann die Einbindung der Liebe in eine Ordnung als ein Widerspruch in sich selbst verstanden werden. Nicht wenige haben dem Zusammenhang von Liebe und Ordnung widersprochen und gesagt, daß die Liebe eine feste Ordnung nicht ertrage.

Dieser Meinung wird aber eine biblisch orientierte Theologie so begegnen, daß sie auf den Sündenfall hinweist, der unser ganzes Leben betroffen und verdorben hat. Auch in der Liebe kann sich der Mensch der zersetzenden Macht der Sünde nicht entziehen. Daher braucht die Liebe schützende Ordnungen, die sie hilfreich und bergend umgeben, damit sie ihr Leben entfalten kann. Ordnung und das sie bewahrende Recht werden von Christen als Gottesgaben empfangen und stehen darum niemals der Liebe entgegen.

In der Kirche wäre es geradezu unnatürlich, wollte man Ordnung und Recht um einer gesellschaftlichen Ideologie willen von der Liebe trennen. Freilich kann es geschehen, daß sich Ordnungen weit von der Liebe entfernt und ihrem Wesen entfremdet haben. Dann müssen die Ursachen des Mißstandes gesucht und beseitigt werden. Keinesfalls dürfen nämlich Ordnung und Liebe in einem Gegensatz zueinander verharren, soll das Leben in den gegebenen Institutionen, wie etwa in der Familie, nicht Schaden nehmen. Hier ist wirklich Vorsicht geboten.

Wenn Liebe und Ordnung in einem unversöhnlichen Gegensatz stehen, ist das Leben in der Gemeinschaft gefährdet. Ordnung und Liebe dürfen sich niemals gegenseitig ausschließen, denn Ordnung ohne Liebe führt zu einem sittlichen Rigorismus, und Liebe ohne Ordnung wird zügellos – beides ist zu verwerfen.

Was heißt das nun für die Ehe? Bedarf die Ehe überhaupt einer äußeren, von der Allgemeinheit anerkannten und bestätigten Ordnung? Genügt der Ehe nicht das stille Einverständnis, das liebevolle Versprechen von Mann und Frau unter Ausschluß der Öffentlichkeit? Haben nicht diejenigen recht, die in der äußeren Eheordnung eine Zumutung und eine Verletzung der Liebe sehen? Zu was also Standesamt und kirchliche Trauung?

Bei nüchterner Betrachtung der Dinge werden wir zugeben müssen: Eine Ehegemeinschaft ohne öffentlichen Schutz und staatliches Recht, das die Ehepartner zur gegenseitigen Treue verpflichtet, ist in unserer Welt in vielfältiger Hinsicht ein überaus gefährdetes Gebilde. Die Ehe allein auf die still versprochene Liebe gründen, hieße die Möglichkeit der Liebe überfordern. Auch die heftigsten Liebesschwüre können darüber nicht hinwegtäuschen. Unsere Ehen stehen oft in einer fast unerträglichen Spannung zwischen dem, was sie sein sollen, und dem, was sie sind. Sie sind ein Kampfplatz. In unserer Gesellschaft mehren sich die Anzeichen der ehezersetzenden Kräfte. Notwendig braucht darum die Ehe eine schützende Ordnung, sollen Mann und Frau in ihr das ganzheitliche Leben im Zeichen der Ebenbildlichkeit gewinnen und erfüllen können. Gott hat der Ehe die schützende Ordnung gegeben, damit sie leben und bestehen kann: »Du sollst nicht ehebrechen!«

Das ist eindeutig, und in dieser Eindeutigkeit ist es ein Akt der Barmherzigkeit Gottes, denn auch in der Stunde der Krise geht es um die Würde von Mann und Frau. Wie in keinem anderen Verhältnis werden in der Ehe zwei Menschen zu einer Einheit. Im Raume der Liebe kommt es zum Austausch des tiefsten und innigsten Persongeheimnisses, das in der Trennung und Zerreißung der Ehe verletzt und verraten würde. Gott will aber gerade mit der Eheordnung Mann und Frau in der Stunde der Krise, in der die Liebe kurzatmiger geworden ist, vor Kurzschlußhandlungen, die die Ehe zerstören, bewahren.

Unter solcher Betrachtung zeigt sich nun, wie hilfreich die Eheordnung für Mann und Frau ist, damit die Ehe gelingen kann. Das Wort: »Was Gott zusammengefügt hat, das soll der Mensch nicht scheiden«, soll helfen, im gehorsamen Hören und Tun dieser Worte die Ehe in Treue durchzuhalten, bis die Liebe wieder erwacht und die beiden Eheleute aufs neue im Frieden eint. Wer aber diese Ordnung verwirft und die absolute Freiheit begehrt, weil die Liebe weder Ordnung noch Bindung kennen soll, übergibt die Ehe der Willkür. Dann ist die Ehe dem Zufall überlassen, und es wird kaum gelingen, die ihr zugedachte doppelte Bestimmung zu erfüllen.

Erinnern wir uns darum noch einmal daran, daß doch in dem unverbrüchlichen Liebes- und Treueverhältnis in der Ehe, in der der eine bestimmte Mann und die eine bestimmte Frau unaustauschbar einander zugeordnet sind, sich Gottes Liebe und Treue zu allen Menschen abbilden will. Und gerade diese Bestimmung verleiht der Ehe Würde und macht sie zu einem Gottesdienst.

Christen, die die Ehe begehren, ist es aus all den genannten Gründen selbstverständlich, mit dem Eintritt in die Ehe die Eheordnung nach Gottes Stifterwillen anzunehmen. Der Ruf des Evangeliums, mit ihrem ganzen Leben in den Gehorsam des Glaubens zu treten, läßt ihnen keinen anderen Weg. Im gehorsamen Ja gegenüber Gottes Gebot bewähren sie auch hier ihren Glauben. In dieser Konsequenz anerkennen Christen den von Kirche und Staat angeordneten öffentlichen Rechtsakt, denn die Gemeinschaft, in der sie als Mann und Frau leben, soll wissen, daß nun die beiden zusammengehören.

Weil die Ehe und das Eheversprechen um der Gemeinschaft willen ein öffentlicher Akt sein, muß, genügt es nicht, die Eheordnung in einem stillen Winkel des Herzens anzunehmen. Seit alters macht die Kirche aus dem Eintritt in die Ehe um der heilsamen und helfenden Ordnung willen eine öffentliche Angelegenheit. In einer öffentlichen Versammlung bekennen Mann und Frau, daß sie die Ehe begehren, und antworten auf die Frage: »Willst du mit deinem Ehegemahl nach Gottes

Gebot und Verheißung leben, ihn als Gottes Gabe lieben und ehren und ihm in Freud und Leid treu bleiben, bis der Tod euch scheidet?« mit einem vernehmbaren: »Ja, Gott helfe mir!«

Das gleiche gilt auch vor dem Vertreter der bürgerlichen Gemeinde, der nach vollzogenem Treueversprechen der Brautleute die nun anerkannte Ehe unter den staatlichen Schutz stellt und den Vollzug im Trauschein beurkundet.

In der öffentlichen Annahme von Recht und Ordnung tritt die Liebe keineswegs unbeteiligt oder vom Gesetz vergewaltigt in den Hintergrund. Der Liebe ist das öffentlich vollzogene Eheversprechen kein zwangvolles Gesetz, sondern ein Zeugnis dafür, daß sie entschlossen und besten Willens ist, in Treue zum Menschen und im Gehorsam zu Gott das zu bewähren, was sie versprochen hat.

Die Ehe kann auf den Trauschein, der das öffentliche Versprechen beurkundet, nicht verzichten. Wer aber eine Ehe ohne Trauschein begehrt, weil er sich vor den selbstverständlichen Pflichten einer Ehe fürchtet, die zeitweiligen oder auch anhaltenden Belastungen in einer Ehegemeinschaft meiden oder sich die Möglichkeit zu anderen und besseren Verhältnissen offen halten will, zeigt an, daß er unreif und in einer solchen Haltung zu einer Ehe unfähig ist. In noch viel höherem Maße gilt dies für ein eheähnliches Verhältnis, das ja ohne Trauschein, das heißt ohne Schutz und Recht, auskommen muß.

Fast ausnahmslos zeigen aber gerade die Verhältnisse ohne Trauschein Züge solcher Unreife. Wer ein eheähnliches Verhältnis eingeht, um seinen Partner zu erproben oder trivialer: ihn auszuprobieren, verrät grobe Unwissenheit darüber, daß er noch nichts vom Wesen des Menschen im allgemeinen und noch viel weniger von dem der Frau und des Mannes, geschweige denn von der Personwürde des in der Ebenbildlichkeit zu Gott stehenden Menschen im besonderen weiß. Ehe ohne Trauschein heißt fast ausnahmslos Liebe ohne Treue, weil Treue, die in der Liebe ihr Wesen hat, eine verläßliche Bindung nicht scheut. Man täuscht und betrügt sich und den anderen, wenn man meint, man könne aus Sympathie oder Neigung Gemeinschaft in einem eheähnlichen Verhältnis ausprobieren. Es ist jedesmal ein Verrat an der Personwürde des in der Ebenbildlichkeit stehenden Menschen.

Ein Mann oder eine Frau können und dürfen in einem eheähnlichen Verhältnis weder erprobt noch ausprobiert werden. Es ist eine entsetzliche Möglichkeit, die in unserer Zeit auf der gleichen Linie liegt wie die Anmaßung, ungeborenes Leben ohne wirkliche Not abzutreiben. In der Kirche darf kein Zweifel darüber bestehen, daß die Ehe ohne Trauschein eben keine christliche Möglichkeit ist.

Die gegenwärtig geforderte Duldung oder gar Bejahung der Ehe ohne Trauschein kann und darf nicht als eine zufällige Laune einer sich gerade selbst überdrüssig gewordenen Gesellschaft betrachtet werden. Die Ehe ohne Trauschein ist ein bewußt gewollter kulturrevolutionärer Akt. Er hat seine Urheber und ist als solcher ein Zeichen der Auflösung. Das gilt auch dann, wenn aus Unwissenheit über diesen Tatbestand gehandelt wird.

Die christliche Gemeinde muß gewarnt sein. Es ist ihr zu keiner Zeit möglich, Recht und Ordnung als Feinde der Liebe aufzufassen, zu verwerfen und sie heute als Attribute einer vergangenen Zeit aus der Ehe zu entfernen. Es muß dabei bleiben: Die Ehe und die Eheordnung fallen unter das Gottesrecht. Die Ehe ist keine gesellschaftliche Entdeckung und Veranstaltung. Sie ist eine Stiftung Gottes für Mann und Frau im Zeichen von Liebe und Treue. Zugleich ist sie ein Auftrag Gottes an Mann und Frau, in der Ehe seinen Schöpfer- und Heilswillen immer neu zu verwirklichen.

Für die christliche Gemeinde ist darum in normalen Zeiten die Ehe ohne Trauschein immer eine unmögliche Möglichkeit, eine Auflehnung gegen Gottes Gebot.

Die Sache ist klar. Die Entscheidung der hier besprochenen »Ehe ohne Trauschein« fällt nicht zwischen konservativer oder moderner Eheauffassung, sondern zwischen Gehorsam oder Ungehorsam gegenüber Gott, der die Ehe gestiftet hat und will, daß sich Mann und Frau in der Ehe auf die beiden Ziele hin erfüllen, die Einheit von Geist und Natur im Zeichen der Ebenbildlichkeit zu erlangen und in der ehelichen Liebe und Treue Gleichnis und Spiegelbild für Gottes Liebe und Treue zu Mensch und Schöpfung zu sein.

Das Mandat der Ehe bei Dietrich BONHOEFFER

Reinhard Hauber

Thema der vorliegenden Studie ist das Mandat der Ehe bei Dietrich BONHOEFFER. Zunächst einmal sollen die wesentlichen Grundzüge von BONHOEFFERS Mandatenlehre skizziert werden. Danach sollen die verschiedenen Aspekte seiner Ehelehre dargestellt werden, um abschließend sowohl kritisch als auch weiterführend Stellung zu beziehen. Quelle der Darstellung sind BONHOEFFERS »Ethik« und seine »Traupredigt aus der Zelle« aus »Widerstand und Ergebung« (vollständige Angaben und die Abkürzungen der zitierten Werke s. Literaturverzeichnis).

1. Grundzüge von BONHOEFFERS Mandatenlehre

1.1. Der Wirklichkeitsbegriff

BONHOEFFERS Mandatenlehre wird nur dann richtig verstanden, wenn sie auf dem Hintergrund seines Wirklichkeitsbegriffes gesehen wird (E 200–220). Wer die Wirklichkeit erkennen will, muß nach BONHOEFFER von der letzten Wirklichkeit ausgehen, der Wirklichkeit Gottes, des Schöpfers, Versöhners und Erlösers. Erkenntnisgrund für diese letzte Wirklichkeit ist die Selbstoffenbarung Gottes in Jesus Christus. In Jesus Christus ist die Wirklichkeit Gottes in die Wirklichkeit der Welt »eingegangen« (E 207; im Original gesperrt). Durch ihn finden wir die Weltwirklichkeit »getragen, angenommen, versöhnt« (E 208) in der Gotteswirklichkeit vor.

1.2. Das Denken und Leben in zwei Räumen

Auf dem Hintergrund dieses Wirklichkeitsbegriffs übt BONHOEFFER Kritik an einem Grundmodell christlich-ethischen

Denkens, an dem »Denken in zwei Räumen« (E 208–220). Dieses Modell sieht die Wirklichkeit in zwei Räume geteilt, in einen göttlich-sakralen und in einen weltlich-profanen Raum. In der einen Wirklichkeit herrscht Christus, in der anderen dagegen andere Mächte und Gewalten. Dem Denken in zwei Räumen entspricht ein Leben in zwei Räumen: Ethik bewegt sich hier entweder unter Verzicht auf das Ganze der Wirklichkeit nur in einem der beiden Räume, oder aber sie versucht, in beiden Räumen zugleich zu stehen und macht damit einen ewigen Konflikt unausweichlich.

1.3. Das Denken und Leben in *einem* Raum

BONHOEFFER stellt dem Denken in zwei Räumen das Denken in *einem* Raum entgegen. Seiner Ansicht nach gibt es weder für das Neue Testament noch für die Reformation zwei Wirklichkeiten, sondern nur *eine* Wirklichkeit, und zwar den einen Raum der Christuswirklichkeit, in dem Gottes- und Weltwirklichkeit miteinander vereinigt sind. BONHOEFFER präzisiert seine Ausführungen allerdings dahingehend, daß die in Christus begründete Zusammengehörigkeit von Gott und Welt, die eine statisch-räumliche Abgrenzung nicht zuläßt, doch die Unterschiedenheit von Gemeinde und Welt nicht aufhebt. Im Sinne einer polemischen Einheit, allerdings nur in diesem Sinne, möchte BONHOEFFER daher auch LUTHERS Lehre von den beiden Reichen aufnehmen. Nicht nur das Denken in zwei Räumen, auch das Leben in zwei Räumen ist für BONHOEFFER nicht akzeptabel. An die Stelle des Lebens in zwei Räumen tritt das Leben in dem einen Raum der Christuswirklichkeit. Der Christ ist nicht mehr der Mensch des ewigen Konflikts, sondern der neue, ganze Mensch. »Seine Weltlichkeit trennt ihn nicht von Christus, und seine Christlichkeit trennt ihn nicht von der Welt. Ganz Christus angehörend steht er zugleich ganz in der Welt« (E 214).

1.4. Die Mandatenlehre

Auf dem Hintergrund des christozentrischen Wirklichkeitsverständnisses wird nunmehr BONHOEFFERS Mandatenlehre einsichtig. Die einleitenden Sätze zum Thema der »vier Mandate« (E 220–226) lauten: »Die Welt ist, wie alles Geschaffene, durch Christus und auf Christus hin geschaffen und hat ihren Bestand allein in Christus (Joh 1,10; Kol 1,16). Ohne Christus von der Welt zu sprechen, ist leere Abstraktion. Die Welt steht in Beziehung auf Christus, ob sie es weiß oder nicht. Diese Beziehung der Welt auf Christus wird konkret in bestimmten *Mandaten Gottes* in der Welt. Die Schrift nennt vier solcher Mandate: *Die Arbeit, die Ehe, die Obrigkeit, die Kirche«* (E 220; Sperrungen im Original). In der Mandatenlehre geht es BONHOEFFER also um die weltliche Konkretion seines christozentrischen Wirklichkeitsverständnisses. Er möchte mit dieser Lehre die »Gliederungen« (E 306) der Christuswirklichkeit aufweisen.

1.5. Der Mandatsbegriff

Der Mandatsbegriff, den BONHOEFFER in Ermangelung eines besseren Begriffes einführt (E 305), bezeichnet den göttlichen Auftrag an eine irdische Instanz. »Unter ›Mandat‹ verstehen wir den konkreten, in der Christusoffenbarung begründeten und durch die Schrift bezeugten göttlichen Auftrag, . . ., die Verleihung göttlicher Autorität an eine irdische Instanz. Unter Mandat ist zugleich die Inanspruchnahme, die Beschlagnahme und Gestaltung eines bestimmten irdischen Bereichs durch das göttliche Gebot zu verstehen« (E 304). Der Mandatsbegriff ermöglicht es BONHOEFFER, Auftragsbezogenheit und Eigenständigkeit bzw. das eschatologische und das weltliche Element zusammen auszusagen (BETHGE, 806). Die katholische Klerikalisierung von irdischen Instanzen auf der einen Seite und die ihnen von pseudolutherischer Seite zugewiesene Eigengesetzlichkeit auf der anderen Seite sind damit überwunden.

2. Das Mandat der Ehe

2.1. Der Sprachgebrauch BONHOEFFERS

BONHOEFFER kann vom Mandat der Ehe sprechen (E 220), vom Mandat der Familie (E 295), aber auch vom Mandat der Ehe und Familie (E 303.350). Damit wird schon auf der sprachlichen Ebene deutlich, daß Ehe und Familie für BONHOEFFER unauflöslich zusammengehören.

2.2. Die göttliche Einsetzung der Ehe

BONHOEFFER schöpft seine Mandatenlehre aus der Bibel (E 350.304.220). Nach der Bibel hat Gott das Mandat der Ehe schon im Paradies eingesetzt (E 223.366). Das verbindet die Mandate der Ehe und Arbeit miteinander, unterscheidet diese beiden Mandate aber wiederum vom Mandat der Obrigkeit, das erst nach dem Fall gestiftet worden ist (E 222–224.366 f.). Durch den Sündenfall fällt ein dunkler Schatten auf die Ehe (E 223; WEN 58). Mit der Scham trägt der Mensch fortan ein äußeres Zeichen für die Entzweiung mit Gott und mit den Mitmenschen (E 22–26). Dennoch wird das göttliche Mandat der Ehe nach dem Fall nicht aufgehoben, sondern es bleibt im Wandel aller geschichtlichen Ordnung bis an das Ende der Welt bestehen (E 366.350 f.).

2.3. Die Bestimmung der Ehe

Die Ehe hat ein »göttliches Mandat zur Erhaltung der Welt um Christi willen und auf Christus hin« (E 351). Die Einheit von Mann und Frau und ihr Einswerden begründen die Ehe, nicht aber der Fortpflanzungszweck (E 191 Anm. 10). BONHOEFFERS Unterscheidung von Letztem und Vorletztem (E 128–152) und seine weitere Unterscheidung von Natürlichem und Unnatürlichem innerhalb des Vorletzten (E 152–158) führt ihn zu einer positiven Würdigung des leiblichen Lebens. Weil Menschsein und Leiblichkeit untrennbar zusammengehören, darum ist das leibliche Leben nicht nur Mittel zum Zweck, sondern auch Selbstzweck (E 166). Die Selbstzwecklichkeit des Leibes kommt in den Freuden des Leibes zum Ausdruck, die dem Menschen und insbesondere den Eheleuten in Wohnung, Nahrung, Kleidung, Erholung, Spiel und Geschlechtlichkeit gegeben sind (E 166–168).

Wenn also das Recht auf leibliche Gemeinschaft und das Recht auf Fortpflanzung zu unterscheiden sind, so dürfen sie doch nicht voneinander getrennt werden. Gott legt auf das Einswerden von Mann und Frau den Segen der Fruchtbarkeit und Nachkommenschaft. Der Mensch darf teilnehmen an Gottes Schöpferwerk, nicht an seiner Schöpfung aus dem Nichts, wohl aber an seinem immerwährenden Schaffen (E 223.366; WEN 58). Die Ehe dient der Erzeugung neuer Menschen zum Dienste Jesu Christi (E 223.366). »Das schließt aber ein, daß die Ehe nicht nur die Stätte der Erzeugung, sondern auch die der Erziehung der Kinder zum Gehorsam Jesu Christi ist. Die Eltern sind für das Kind Gottes Stellvertreter als seine Erzeuger und Erzieher« (E 366; vgl. E 233; WEN 58).

2.4. Die Auftragsbezogenheit des Mandats der Ehe

Bonhoeffer zieht den Begriff des »Mandats« dem der »Ordnung« vor, weil jener den Aspekt der Auftragsbezogenheit besser zu verdeutlichen vermag (E 220). Die Ehe ist »göttliches Mandat zur Erhaltung der Welt um Christi willen und auf Christus hin« (E 351). Der göttliche Charakter der Ehe ist nicht schon durch ihr faktisches Gegebensein begründet, sondern allein durch ihre Beziehung auf Christus, auf Gottes in Christus geoffenbartes Gebot (E 221.303). Bei beharrlicher und willkürlicher Durchbrechung des Auftrags »erlischt das göttliche Mandat im konkreten Fall« (E 221). Ein »romantischer Konservatismus«, der formaljuristisch noch bestehende, aber innerlich längst ausgehöhlte Ehen göttlich sanktioniert, ist für Bonhoeffer ausgeschlossen (E 305).

2.5. Die Eigenständigkeit des göttlichen Mandats der Ehe

Die Auftragsbezogenheit des Mandats der Ehe geht Hand in Hand mit einer Eigenständigkeit, einer »relativen Eigengesetzlichkeit« (E 384). Die Herrschaft Jesu Christi über die Ehe bedeutet keine Aufzwingung eines fremden Gesetzes (Heteronomie), duldet aber auch keine von Gottes Gebot abgelöste Eigengesetzlichkeit (Autonomie), sondern befreit die Ehe zur Gewinnung ihres eigenen, letztlich in Christus begründeten Gesetzes und Wesens (Christonomie) (E 315 f.348 f.).

Die Lehre von der Eigenständigkeit des Mandats der Ehe wirkt sich aus bei der Verhältnisbestimmung zwischen dem Mandat der Ehe und den drei anderen Mandaten der Arbeit, der Obrigkeit und der Kirche. Jedes der vier Mandate hat *über* sich die Christusherrschaft und *neben* sich die anderen drei Mandate. Das Verhältnis der vier Mandate zueinander ist als Miteinander, Füreinander und Gegeneinander zu bestimmen. Keines der vier Mandate darf sich absolut setzen, über die anderen Mandate herrschen oder sie gar ersetzen wollen (E 351.308 f.296.316). Bonhoeffer geht besonders auf das Verhältnis des Mandats der Ehe zu den anderen beiden Mandaten der Obrigkeit und der Kirche ein. »Ehen werden weder *durch* die Kirche, noch *durch* den Staat geschlossen und empfangen auch nicht erst durch diese Institutionen ihr Recht. Die Eheschließung erfolgt vielmehr *durch* die beiden Ehegatten. Die Tatsache, daß die Ehe öffentlich *vor* dem Staat und *vor* der Kirche geschlossen wird, bedeutet nichts als die öffentliche staatliche und kirchliche Anerkennung der Ehe und der ihr innewohnenden Rechte. Das ist lutherische Lehre« (E 186; Sperrungen im Original). Das dem Menschen von der Schöpfung her zukommende Recht auf die persönliche Wahl des Ehegatten darf weder durch kirchliche noch durch staatliche Auflagen, etwa im Hinblick auf die Zugehörigkeit beider Ehegatten zu einer bestimmten Konfession oder Nationalität, eingeschränkt werden (E 184–187).

Was das Verhältnis des Mandats der Ehe zum Mandat der Arbeit betrifft, so finden sich hierzu bei Bonhoeffer keine näheren Ausführungen. Aus der Grundaussage, daß die Mandate in einem Mit-, Für- und Gegeneinander zu sehen sind und zugleich alle dem Gebot Jesu Christi untergeordnet sind, lassen sich jedoch ohne Schwierigkeiten die entsprechenden Konsequenzen ziehen.

2.6. Der christologische Bezug des Mandats der Ehe

Immer wieder kommt Bonhoeffer auf die Herrschaft Jesu Christi über alle Zeit und alle Welt zu sprechen. Er beruft sich dabei besonders auf Kolosser 1,15–20 (vgl. das Bibelstellenregister der »Ethik«, E 398). Durch Jesus Christus ist alles geschaffen, in ihm hat alles seinen Bestand, auf ihn zu ist alles ausgerichtet. In seiner Mandatenlehre setzt Bonhoeffer die Christusherrschaft in Beziehung zu empirischen Ordnungen der gegenwärtigen Welt. Auch die Ehe ist eine Konkretion der Beziehung der Welt auf Christus (E 220). Sie ist eine von oben her in die Welt hineingesenkte Gliederung der Christuswirklichkeit (E 306) und hat ein »göttliches Mandat zur Erhaltung der Welt um Christi willen und auf Christus hin« (E 351).

Was so als objektive Wirklichkeit der Ehe beschrieben werden kann, ist damit noch nicht subjektive Wirklichkeit beim einzelnen Menschen. An dieser Stelle liegt die Aufgabe der Ethik. »*Das Problem der christlichen Ethik ist das Wirklichwerden der Offenbarungswirklichkeit Gottes in Christus unter seinen Geschöpfen*, wie das Problem der Dogmatik die Wahrheit der Offenbarungswirklichkeit Gottes in Christus ist« (E 202; Sperrungen im Original). In der christlichen Gemeinde ist die objektive Wahrheit subjektive Wirklichkeit geworden (E 88 f.218 f.). In der Gemeinde wird Christus und seine Vergebung als der Grund der Ehe verkündigt (WEN 58 f.), in ihr befolgen die Eheleute den göttlichen Auftrag, indem sie ihre Kinder zum Dienste Jesu Christi und zur Vermehrung seines Reiches erzeugen und erziehen (E 223.366 f.).

Weil aber Gott in Christus die ganze Menschheit angenommen hat, ist der Auftrag der christlichen Ethik nicht auf die Gemeinde beschränkt. Das Predigtamt verkündigt die Herrschaft Jesu Christi über *alle* Welt. Es proklamiert die Christusherrschaft über die weltlichen Ordnungen, also auch über die Ehe. Diese Herrschaft vollzieht sich in der Form des Dekalogs

(E 384 f.). Das Predigtamt verkündigt den göttlichen Schutz der Familie und Ehe, wie er im 4. und 6. Gebot festgehalten ist, an alle Welt und nennt umgekehrt auch die Sünde gegenüber dem göttlichen Gebot beim Namen (E 335 f.371 f.; vgl. auch 121 f.). Der staatlichen Ehe- und Familienpolitik gegenüber hat zwar nicht der einzelne Christ, wohl aber das Wächteramt der Kirche politische Verantwortung wahrzunehmen (E 371 bis 373). Diese Verantwortung beinhaltet kein positives politisches Mandat, wohl aber ein negatives. »Die Kirche kann zwar nicht eine konkrete irdische Ordnung, die aus dem Glauben an Jesus Christus notwendig folgt, verkündigen, aber sie kann und muß jeder konkreten Ordnung, die ein Ärgernis für den Glauben an Jesus Christus bedeutet, entgegentreten...« (E 382). Wird das Wort der Kirche nicht gehört, »so bleibt ihr nur soviel politische Veratwortung, daß sie die Ordnung der äußeren Gerechtigkeit, die in der Polis nicht mehr vorhanden ist, wenigstens unter ihren eigenen Gliedern herstellt und bewahrt und so der Obrigkeit in ihrer Weise dient« (E 372; vgl. 335 f.).

2.7. Die analogische Struktur des Mandats der Ehe

Die Bedeutung der Mandate wird für Bonhoeffer dadurch verstärkt, daß er sie als Abbilder himmlischer Urbilder zu verstehen können meint (E 222 f. 351). In der Ehe wird die Einheit zwischen Christus und seiner Gemeinde abgebildet, wie Epheser 5,31 f. belegt (E 223.351). Im Verhältnis von Eltern und Kindern wird das Verhältnis zwischen Gott, dem Vater, und Gott, dem Sohn, abgebildet, und die Beziehung unter Geschwistern hat ihr Urbild in der Bruderschaft zwischen Christus und den Menschen (E 351). Bonhoeffers Analogienlehre gründet sich auf den biblischen Tatbestand, daß immer wieder irdische Metaphern zur Bezeichnung himmlischer Sachverhalte benutzt werden. Doch beansprucht Bonhoeffer für diese Lehre keine theologische Verbindlichkeit und beschränkt auch seine eigenen Ausführungen auf Andeutungen.

2.8. Oben und Unten im Mandat der Ehe

Weil es in den Mandaten zur »Verleihung göttlicher Autorität an eine irdische Instanz« (E 304) kommt, dürfen die Mandate nicht als irdische Mächte, sondern müssen als göttliche Aufträge verstanden werden (E 306). Die Mandatsträger sind nicht Beauftragte von unten, sondern Beauftragte von oben, Stellvertreter Gottes (E 306). Das Gebot Gottes setzt innerhalb der Mandate ein unaufhebbares Oben und Unten (E 306.288.290), schließt also »bestimmte soziologische Autoritätsverhältnisse« in sich (E 288). »Ermächtigung zu ethischem Reden kann niemand sich selbst geben, sondern sie wird dem Menschen zuteil, sie fällt ihm zu, und zwar primär nicht auf Grund subjektiver Leistung und Vorzüge, sondern auf Grund einer objektiven Stellung in der Welt« (E 287 f.). »Die Ermächtigung gehört nicht zur Person, sondern zum Amt« (E 290).

Gott selbst setzt in der Ehe eine Ordnung, die den Mann zur Liebe gegenüber seiner Frau und die Frau zur Unterordnung unter ihren Mann verpflichtet (WEN 55–58). Die Frau hat ihre Aufgabe im Haus des Mannes, ihr Reich ist »nicht das Wechselnde, sondern das Beständige, nicht das Laute, sondern das Stille, nicht die Worte, sondern das Wirken« (WEN 57). Der Mann als das Haupt der Frau trägt »die Verantwortung für die Frau, für die Ehe und für das Haus. Ihm fällt die Sorge und der Schutz für die Seinen zu, er vertritt das Haus gegenüber der Welt...« (WEN 57 f.). »›Klug‹ ist der Mann und die Frau, die die Ordnung Gottes erkennen und halten; ›töricht‹ ist, wer meint, an ihre Stelle eine andere, dem eigenen Willen und Verstand entspringende Ordnung setzen zu können« (WEN 58).

Gott setzt nicht nur in der Ehe, sondern auch in der Familie eine Ordnung. Die Eltern haben den Kindern gegenüber göttliche Autorität. Die Kinder wiederum sind den Eltern gegenüber zum Gehorsam verpflichtet (E 223.366.288.290; WEN 58).

Bonhoeffer hat den Mandatsbegriff gewählt, um deutlich zu machen, daß die von ihm angesprochenen Ordnungen nicht schon durch ihr faktisches Gegebensein, sondern allein durch ihre Beziehung zu Christus göttlichen Charakter haben. Dieser

Sachverhalt hat für seine Lehre vom Oben und Unten Bedeutung. Das Gebot Gottes, das innerhalb eines jeden Mandats ein unaufhebbares Oben und Unten setzt, ist nämlich nicht identisch mit einem irdischen Machtverhältnis, sondern die Korrektur von irdischen Machtverhältnissen (E 306). Außerdem kann das Oben- und das Untensein allein im Mandat Gottes recht begründet werden. In der Loslösung vom Mandat Gottes kommt es zwangsläufig zum Mißbrauch und zum Zusammenbruch von Oben und Unten (E 306 f.). »Das Obensein wird dann als zufällige Gunst des Schicksals aufgefaßt, ergriffen und bedenkenlos ausgenutzt, wie dementsprechend das Untensein als ungerechte Benachteiligung zu Empörung und Aufstand führen muß« (E 307). Anstatt seine Frau zu lieben, erblickt der Mann in ihr dann nur noch das Spielzeug seiner Herrschsucht. Anstatt ihrem Mann zu dienen, sucht die Frau nur noch ihren Ehrgeiz darin, zu sein wie der Mann (WEN 56). Gegenüber dieser Verkehrung ist es geboten, die allein tragfähige Begründung des Oben- und Untenseins im göttlichen Mandat wiederzugewinnen und bereit zu werden, das Oben- und das Untensein innerlich zu bejahen und entschlossen durchzuhalten (E 291).

Doch kann man heute noch vom Oben und vom Unten reden? Hat die Aufklärung nicht alle Autoritätsverhältnisse aufgehoben und die Gleichheit aller Menschen zum obersten Prinzip gemacht? Bonhoeffer gibt dem Protest der Aufklärung da recht, wo sie sich gegen die abstrakte Sanktionierung von Privilegien wendet und die gleiche Würde aller Menschen vor dem Ethischen vertritt (E 289 f.). Unrecht hat die Aufklärung dagegen, wo sie gegen die Bindung des ethischen Redens an Personen, Zeiten und Orte zu Felde zieht. Die Aufklärung hat das Ethische als allgemeingültiges Vernunftprinzip verstanden und zu einer völligen Atomisierung der menschlichen Gemeinschaft und des individuellen Lebens geführt (E 288 f.). Das Ethische ist aber eben kein formales Vernunftprinzip, sondern ein konkretes Befehlsverhältnis, es ist »kein System an sich richtiger Sätze, über das jeder jederzeit und allerorts verfügen kann, sondern es ist entscheidend an Personen, Zeiten und Orte gebunden« (E 287; vgl. 289).

2.9. Die Geburtenregelung

Bonhoeffer stellt fest, daß das Ja zur Ehe immer auch ein grundsätzliches Ja zum Kind bedeutet. Wo dieses Ja zum Kind fehlt, da lebt man im Widerspruch zum Sinn der Ehe (E 188). Auf der anderen Seite ordnet Bonhoeffer die Einheit von Mann und Frau der Erzeugung von Kindern vor und unterscheidet zwischen dem Recht auf leibliche Gemeinschaft und dem Recht auf Fortpflanzung. Die Geburtenregelung ist damit eine grundsätzliche ethische Möglichkeit (E 191 f.). Bei der Frage nach der Methode der Geburtenregelung ist »der Freiheit des sich vor Gott verantwortenden Gewissens Raum zu geben« (E 191). Nicht in Frage kommen in diesem Zusammenhang allerdings die Abtreibung und die Sterilisation. Die Abtreibung verletzt das Lebensrecht des werdenden Lebens. Dieses Recht ist dem werdenden Leben von Gott verliehen und steht nicht in der Verfügung der Eheleute. Abtreibung erfüllt daher den Tatbestand des Mordes (E 187). Die Sterilisation ist grundsätzlich zu verwerfen, da sie das schöpfungsmäßig gegebene Recht des Menschen auf Unantastbarkeit seines Leibes verletzt. Auch bei Krankheit bleibt die Sterilisation, ob sie nun freiwillig erfolgt oder durch staatliches Gesetz erzwungen wird, problematisch (E 192–195).

3. Kritische und weiterführende Gedanken

Bonhoeffers Ethik ist eine Sammlung von Fragmenten, die posthum von Eberhard Bethge herausgegeben worden ist. Auch die Ausführungen zur Mandatenlehre und zum Mandat der Ehe sind unabgeschlossen. Um so mehr muß die Geschlossenheit und Konzentration der überlieferten Äußerungen zu diesen beiden Themen beeindrucken. Vor allem aber hat Bonhoeffers Ehelehre durch ihre Schriftgemäßheit Gewicht. Jeder, der sich darum bemüht, Ethik als »konsequente Exegese« (dieser Begriff wurde von E. Jüngel zur Kennzeichnung der Dogmatik geprägt) zu verstehen, wird Bonhoeffers Darlegungen dankbar zur Kenntnis nehmen. Eine kritische Stellungnahme ist nicht im Hinblick auf die Ehelehre, wohl aber im

Hinblick auf das die Mandatenlehre tragende Wirklichkeitsverständnis erforderlich. An diesem Punkt bestehen Differenzen zwischen BONHOEFFERS Schriftauslegung und derjenigen der Reformation. Neben diesen kritischen Überlegungen soll im folgenden versucht werden, zwei aktuelle Themen aus Bonhoeffers Ehelehre durch eigene Überlegungen weiterzuführen.

3.1. Das Wirklichkeitsverständnis

BONHOEFFER zeichnet den apokalyptischen Kampf zwischen Gott und dem Teufel in den Rahmen der Christologie ein. Der Teufel hat keinen eigenen Raum, sondern er hat seinen Raum nur unter den Füßen Jesu Christi (E 216 f.). BONHOEFFERS Wirklichkeitsbegriff tendiert zum Monismus: »Es gibt nicht zwei Wirklichkeiten, sondern *nur eine Wirklichkeit*, und das ist die in Christus offenbar gewordene Gotteswirklichkeit in der Weltwirklichkeit« (E 210; Sperrungen im Original). Diese Einheit von Gottes- und Weltwirklichkeit in Christus ist allerdings keine Identität, sondern sie besteht ausschließlich in Christus und hebt daher die Unterschiedenheit von Christlichem und Weltlichem, von Gemeinde und Welt nicht auf (E 211 f.). Die Differenz von Ontologie und Empirie ist nach BONHOEFFER für den ganzen Verlauf der Geschichte konstitutiv und wird erst im Eschaton aufgehoben werden (E 84.88.141.359).

Eine schrift- und bekenntnisgebundene Dogmatik wird an BONHOEFFERS Schau kritisieren müssen, daß sie den qualitativen Unterschied zwischen Schöpfung und Erlösung einerseits, wo Gott alles in allem *wirkt* (1 Kor 12,6), und Vollendung andererseits, wo Gott alles in allem *ist* (1 Kor 15,28), nicht ausreichend beachtet und daher zwar nicht das Bewußtsein, wohl aber das Sein der Vollendung in unzulässiger Weise vorwegnimmt. Im Gegensatz zu BONHOEFFER wird eine schrift- und bekenntnisgebundene Dogmatik die Christologie in den Rahmen des apokalyptischen Kampfes zwischen Gott und dem Teufel einzeichnen und den Gegensatz zwischen dem *regnum Dei* (»Herrschaft Gottes«) und dem *regnum diaboli* (»Herrschaft des Widersachers«) als Grunddatum einer theologischen Geschichtsschau verstehen. Der Wirklichkeitsbegriff muß also antithetisch entfaltet werden. Zwar ist aufgrund der Gotteslehre bzw. Christologie an einer grundsätzlichen bzw. endgültigen Überordnung des *regnum Dei* über das *regnum diaboli* festzuhalten. Dennoch gilt, daß durch das erste Kommen Christi die Entrechtung und die Entmachtung des Bösen zwar geschehen, nicht aber auch durchgesetzt sind. Letzteres ist erst vom zweiten Kommen Christi zu erhoffen.

3.2. Ehe und Öffentlichkeit

Bonhoeffer hebt hervor, daß die Mandate der Arbeit und Ehe schon vor dem Fall, das Mandat der Obrigkeit dagegen erst nach dem Fall eingesetzt worden ist. Dem entspricht, daß Arbeit und Ehe schöpferische Aufgaben wahrnehmen, während die Obrigkeit nicht schöpferisch ist, sondern das Geschaffene lediglich erhält (E 365–367.222–224). Was das Verhältnis des Mandats der Obrigkeit zu den Mandaten der Arbeit und Ehe betrifft, so ergibt sich, daß die Obrigkeit für diese beiden Mandate nur regulative, nicht aber konstitutive Bedeutung hat. Die Eheschließung erfolgt primär *durch* die beiden Ehegatten und erst sekundär *vor* dem Staat (und der Kirche) (E 367.186). Als älteste menschliche Ordnung hat die Eheschließung ihr Recht in sich selber. Die standesamtliche staatliche und kirchliche Trauung »bedeutet nichts als die öffentliche staatliche und kirchliche Anerkennung der Ehe und der ihr innewohnenden Rechte« (E 186). Allerdings hebt Bonhoeffer auch hervor, daß die bloß regulative Aufgabe der Obrigkeit im Hinblick auf die Ehe nicht als unerheblich oder gar überflüssig abgetan werden darf. Die Obrigkeit hat ein göttliches Mandat, die Ehe durch Rechtsetzung zu schützen und diesem Recht mit der Macht des Schwertes Geltung zu verschaffen (E 223 f.). »Jedermann ist dieser Obrigkeit Gehorsam schuldig – um Christi willen« (E 224).

Während Bonhoeffer angesichts der Situation des Dritten Reiches primär den bloß regulativen Charakter der staatlichen Ehegesetzgebung betonen und auch die Frage des Widerstandes gegenüber ungerechtfertigten Ehegesetzen anklingen lassen mußte (E 186 f.), wird eine an der Schriftauslegung der Reformation orientierte Ethik heute stärker die göttliche Verbindlichkeit jenes regulativen Charakters der staatlichen Ehegesetzgebung herausheben müssen. In den letzten Jahren läßt sich ja eine doppelte Tendenz beobachten: Einerseits wird die Geschlechtlichkeit aus dem sie schützenden Raum der öffentlich anerkannten Ehe herausgenommen. Ihr Gebrauch wird in das Belieben des einzelnen gestellt. Andererseits kommt es zur Infragestellung oder gar zum völligen Verzicht auf die öffentlich greifbare Seite der Ehe. Die bisherige Institution der Ehe wird durch rechtlich nicht faßbare Formen des Zusammenlebens ersetzt (»Ehe auf Zeit«, »Ehe auf Probe«, »Ehe ohne Trauschein«). In dieser Lage wird die christliche Ethik feststellen müssen, daß das staatliche Eherecht als göttliche »Notordnung« gegen das Böse zu verstehen ist. (Der Begriff der »Notordnung« erscheint insofern geeignet, als er das heilsgeschichtlich bedingte Miteinander von Verbindlichkeit und Vorläufigkeit des Rechts auszusagen vermag.) Wer meint, für ihn als Christen sei das positive Eherecht nicht verpflichtend, dem muß entgegnet werden, daß er die Macht der Sünde auch im Leben des Christen unterschätzt, daß er die göttliche Setzung des Staates mißachtet und daß er die von der Schrift bezeugte Pflicht zur Unterordnung gegenüber der staatlichen Gewalt versäumt.

3.3. Oben und Unten im Mandat der Ehe

Bonhoeffer hält fest, daß schon einer allgemeinen Phänomenologie des Ethischen wesensgemäß eine Tendenz von oben nach unten innewohnt (E 286–291). Erst recht muß eine christliche Ethik davon reden, daß das Gebot Gottes ein unaufhebbares Oben und Unten auf Erden setzt, weil es nicht aus der geschaffenen Welt herauswächst, sondern selber von oben nach unten kommt (E 293–296). Christliche Ethik hat die Aufgabe, die Menschen zur inneren Bejahung und zum entschlossenen Durchhalten ihres jeweiligen Oben- oder Untenseins aufzufordern (E 291).

Bonhoeffer ist sich bewußt, mit dieser Lehre unzeitgemäß zu sein. Er meint aber, daß das Gebot Gottes als der allein mögliche Gegenstand einer christlichen Ethik die Unterscheidung von Oben und Unten notwendig mit sich führt. Der von ihm durchaus zugestandene Mißbrauch des Oben- und des Untenseins hebt seiner Ansicht nach deren rechten Gebrauch nicht auf. Der schon von Bonhoeffer registrierte Widerstand gegen diese Auffassung hat in unserer Zeit zugenommen. Die Gegenthesen der feministischen Bewegung haben auch in Theologie und Kirche Aufnahme gefunden. Angesichts dieses Sachverhalts muß vom biblischen Befund her ein Urteil über Recht oder Unrecht von Bonhoeffers Lehre versucht werden. Das soll anhand eines Durchgangs durch die heilsgeschichtlichen »Stände« des Menschen geschehen.

Das Verhältnis von Mann und Frau wird im *status integritatis* (»Stand der Unversehrtheit« vor dem Sündenfall) als personales Gegenüber und als Ergänzung beschrieben (1 Mo 2,18). Mit dem *status corruptionis* (»Stand der Verdorbenheit« nach dem Sündenfall) verhängt Gott die Herrschaft des Mannes über die Frau (1 Mo 3,16). Für den *status gratiae* (»Gnadenstand«) gilt, daß Jesus und Paulus die Unterordnung der Frau unter den Mann nicht aufheben. Paulus bestätigt diese vielmehr ausdrücklich, indem er die Liebe Christi zur Gemeinde und die Unterordnung der Gemeinde unter Christus als Modell für die Liebe des Mannes zu seiner Frau und für die Unterordnung der Frau unter ihren Mann hinstellt (Eph 5,22–33). Wenn Paulus allerdings die Aufhebung des Unterschieds der Geschlechter vor Gott feststellt (Gal 3,28) und in der Liebe die höchste Geistesgabe erkennt (Röm 13,8–10; 1 Kor 13), dann hat das tiefgreifende Folgen für das Verhältnis der Geschlechter. Die Liebe zueinander bewährt sich nämlich darin, daß Mann und Frau sich gegenseitig untertan sind – in der Furcht Christi (Eph 5,21). Was schließlich den *status gloriae* (»Stand der Herrlichkeit« nach dem Tod) betrifft, so ist die Aufhebung der Ehe und damit auch der Über- und Unterordnung zu erwarten (Mk 12,25 par).

Für Bonhoeffers Lehre vom Oben und Unten im Mandat der Ehe läßt sich mithin der Schriftbeweis führen. Problematisch ist bei Bonhoeffer allerdings, daß er den Wesensunterschied von Mann und Frau mit dem Unterschied des Oben- und Untenseins in eins setzt. Er versäumt es, zwischen dem schon in der Schöpfung begründeten Wesensunterschied von Mann und Frau und der erst durch die Sünde notwendig gewordenen Überordnung des Mannes über die Frau zu trennen. Dem Oben- und Untensein kann also nur der Charakter einer Notordnung zugesprochen werden. Klar herausgestellt hat BONHOEFFER dagegen, daß der Christusglaube das Oben und Unten in der Ehe völlig neu qualifiziert. Allerdings wirft diese völlige Neuqualifizierung die Frage auf, ob die doch recht mißverständliche Rede vom Oben und Unten den in der Bibel gemeinten Sachverhalt angemessen zum Ausdruck bringt. Es bleibt auch offen, was das recht verstandene Oben und Unten in der Ehe inhaltlich für den Alltag der Ehe bedeutet. Hier bleibt die Aufgabe, die von BONHOEFFER eingeschlagene Richtung durch weitere und genauere Bestimmungen zu präzisieren.

Literaturangaben

E. BETHGE, Dietrich Bonhoeffer, München 1978[4].

D. BONHOEFFER, Ethik, zusammengestellt und herausgegeben von E. BETHGE, München 1975[8] (abgekürzt: E).

D. BONHOEFFER, Widerstand und Ergebung. Neuausgabe, herausgegeben von E. BETHGE, München 1977[2] (abgekürzt: WEN).

Die Frau in der Weisheit

Thomas Pola

Die Weisheitstradition (Sprüche, Prediger, Sirach u. a.) spielt in der gegenwärtigen familienethischen Diskussion leider eine von Mißverständnissen und Verkennung geprägte Rolle: Während die »Feministische Theologie« in den weisheitlichen Texten ihre Hypothese von der patriarchalischen alttestamentlichen Gesellschaft belegt findet, beklagt andererseits die um biblische Orientierung bemühte Apologetik (Verteidigung) das Fehlen eines Monogamie-(Einehe-)Gebotes in der Schrift, als ob es keine Weisheitstradition (besonders als Grundpfeiler der neutestamentlichen Theologie) gäbe. Beide Urteile lassen die Beurteilung von Frau und Ehe in der Weisheit außer acht. Im hier gesetzten Rahmen möchte ich daher auch zur Beantwortung dieser Fragen die bis zur Identifikation (Gleichsetzung) mit der Weisheit reichende Beschreibung des Wesens der Frau in seiner Differenzierung der Grundtypen in der sapientialen (weisheitlichen) Perspektive skizzieren.

1. Die Mutter

Weisheit ist die Lehre von der vom Schöpfergott ausgehenden (verborgenen) Weltordnung. Die von Gott geschenkte, aber auch menschlicherseits angestrengte Erkenntnis bzw. Entbergung dieser Ordnung (1 Kö 5,9–14) enthält ethische Konsequenzen: Nur wer sein Tun und seine Existenz auf diese Weltordnung ausrichtet, ihr ganz konform wird, vermag im Leben dauerhaft und über den Moment hinaus zu bestehen. Dazu verhilft natürlich auch die Thora. Aber die sapientiale Ethik steht anknüpfend, überhöhend und letztlich ergänzend zu den verpflichtenden Gesetzesvorschriften als eine freie und in sich nicht widerspruchslose Ordnung, zu deren Aneignung man nur eindringlich mahnen kann. Die wichtige Funktion des Königs als weisheitlichem Exponent (1 Kö 5,9–14; Spr 25,2 ff. u. m.) hält im Kleinen der Familienvater inne. Entscheidend ist dabei der kontinuierliche Traditionsprozeß: Der Vater gibt die empfangene weisheitliche Erkenntnis in memorierbaren Sprüchen (m^{e}šalîm) oder Sammlungen derselben an seine Kinder, vor allem an den Sohn, weiter. Sie sollen ja im von allen Seiten bedrohlichen Leben bestehen können. Wichtig ist hier, daß in späterer Zeit auch die Mutter die Aufgabe der Sohnesunterweisung zu übernehmen vermag (Spr 6,20; 31,1–9). Die Bedeutung der Mutter wird ansonsten im Rahmen der Wichtigkeit der Eltern überhaupt herausgestellt. Es ist ganz charakteristisch, daß am Anfange der großen salomonischen Spruchsammlung Sprüche 10,1–22,16 die Familie als *die* Situation weisheitlicher Erziehung steht:

> »Ein weiser Sohn (bæn ḥakam) erfreut den Vater, ein törichter Sohn (ûbæn k^{e}sîl) aber ist der Gram der Mutter« (Spr 10,1).

Die parallele Formulierung verrät, daß polar mit dem Vater bzw. dem weisen Sohn eine aktive, mit dem nicht weisen Sohn bzw. der (weisen) Mutter eine passive Haltung verbunden wird. Diese Passivität mindert jedoch nicht die Bedeutung der Mutter bei der sapientialen Erziehung, wie ein ähnlicher Spruch zeigt:

> »Ein weiser Sohn erfreut (seinen) Vater, ein törichter Mensch verachtet seine Mutter« (Spr 15,20).

Anstelle von »törichter Sohn« (bæn k^{e}sîl) heißt es hier »törichter Mensch« (k^{e}sîl 'adam): Wer seine Mutter verachtet, beraubt sich selbst seines Existenzgrundes und wird (gegenüber Spr 10,1) nicht mehr Sohn genannt. Der Anknüpfungspunkt für die sapientiale Elternehrung ist das Elterngebot des Dekaloges 2. Mose 20,12 par. Im Sirachbuche, einem bedeutenden Zeugnis später Weisheit zwischen Altem und Neuem Testament (2. Jhdt. v. Chr.), das besonders die Thora weisheitlich erläutert, findet sich eine ausführliche Erklärung des Elterngebotes von 5. Mose 5,16: »Ehre deinen Vater und deine Mutter, wie Jahwe, dein Gott, befohlen hat, damit deine Tage lang werden mögen und damit es dir gut gehe in dem Lande, das dir Jahwe, dein Gott gegeben hat.« So heißt es etwa im Rahmen der Haustafel Sirach 7,18 ff.:

»Von ganzem Herzen ehre deinen Vater, und deiner Mutter Schmerzen vergiß nicht. Denke daran, daß du durch sie wurdest, und wie könntest du ihnen vergelten, was sie dir gaben?« (Sir 7,27 f.).

Der Weise verdankt seinen Eltern über seine leibliche Existenz hinaus seine nicht minder wichtige sapientiale Existenz, also die Geistigkeit, die ihn vor dem Verderben bewahrt. Die so überhöhte Vorlage 2. Mose 20,12; 5. Mose 5,16 wird auch hinsichtlich des Tun-Ergehen-Zusammenhanges erläutert:

»Wer den Vater ehrt, wird Sünden sühnen. (4) Und wie einer, der sich Schätze sammelt, ist der, der seine Mutter ehrt« (Sir 3,3 f.; der ganze Textabschnitt Sir 3,1–16 ist der Erläuterung des Elterngebotes gewidmet).
»Wer den Vater ehrt, wird lange leben (vgl. 2 Mo 20,12; 5 Mo 5,16). Und wer auf den Herrn hört, ehrt seine Mutter« (Sir 3,6).

Die Eltern zu ehren ist hier also mit dem Gottesgehorsam gleichgesetzt: Für jeden Menschen ist ja Gottesfurcht (jir'at jahwæ̅) das Urprinzip weisheitlicher Existenz überhaupt (Spr 1,7; 31,30 u.m.; Sir 1,11–30; 6,36 f.; 19,18–20; 25,10–12 u.m.). Daß die Eltern auch fehlbar sein können und so eine Ehrung schwer fallen könnte, wird auch ins Auge gefaßt, mindert aber im Prinzip nicht das auch aus sapientaler Perspektive apodiktische (absolute) Gebot (Sir 3,10–13). Es gilt, die Eltern zu ehren, auch wenn sie alt geworden sind (Spr 23,22–25; 30,17). Von den Eltern geht so eine große Macht aus:

»Der Segen eines Vaters legt den Wurzelgrund, und der Fluch einer Mutter reißt die Pflanze aus« (Sir 3,9).

2. Die Tochter

Selbstverständlich ist umgekehrt den Eltern die Sorge über die Kinder angetragen. Über die Mahnung zu weisheitlicher Erziehung des Sohnes hinaus finden sich im Sirachbuche bezüglich der Tochter besondere Ratschläge. Sie sind wohl aus schlechter Erfahrung und aus Sachgründen entstanden und weitergegeben worden:

> »Eine Tochter ist für einen Vater ein trügerischer Schatz, die Sorge um sie läßt den Schlaf vergehen; (...) ... in ihrer Jugend, daß sie nicht (sitzen) bleibt, und in ihrer Jungfrauschaft, daß sie nicht (gehaßt werde); (10) in ihrer Jungfrauschaft, daß sie nicht verführt werde; und im Haus ihres Mannes, daß sie nicht unfruchtbar bleibe; im Hause ihres Vaters, daß sie nicht schwanger werde ...« (Sir 42,9 f.).

Die Tochter bereitet also in jedem Lebensalter und -stand dem Vater schlaflose Nächte: Es besteht die Gefahr bleibender Jungfernschaft, aber auch im Gegenteil Verführung und unstatthafter Schwangerschaft. Selbst wenn der Normalfall einer glücklichen Verheiratung eintritt, besteht die Gefahr der Unfruchtbarkeit: In der biblischen Welt war das Gebären und Aufziehen von Kindern *die* Erfüllung für das Leben der Frau. Blieb sie unfruchtbar, war das für sie also die größte denkbare Schmach; sie konnte in ihrem Leben nicht mehr viel Sinn sehen (1 Sam 1 f.u.m.). Der weise Vater kann jedoch nur zur Abwehr des Falles moralischer Dekadenz (Verfalls) äußerliche Vorkehrmaßnahmen treffen:

> »Für eine leichtlebige Tochter bestelle eine Wache, damit sie nicht ein Nachlassen (der Aufsicht) finde und sich zunutze mache« (Sir 26,10).
>
> »Mein Sohn, über deine jungfräuliche Tochter bestelle eine Wache, damit sie dir nicht schlechten Ruhm bereite; ein Stadtgespräch und ein Fluch im Volk, und sie dich vor Gericht bringe in der Versammlung im Tor; der Ort, an dem sie wohnt, soll kein Fenster sein, und kein

Haus des Ausblicks auf den Zugang ringsum« (Sir 42,11).

Hier ist zur Interpretation ein Vergleich mit den Vorschriften und Ratschlägen bezüglich eines störrischen Sohnes notwendig: Jener ist zu seiner Rettung vor den Dekadenzfolgen unsapientialen Lebensstiles (Tod) notfalls mit Gewalt zu züchtigen (Spr 23,13 f.u.m.); die Thora sieht schlimmstenfalls die Todesstrafe vor (5 Mo 21,18–21; 27,16).

Dabei ist zu bedenken, daß eine Mutter kaum bereit sein wird, ihren noch so widerspenstigen Sohn vor Gericht zu schleppen. Diese Thoraweisung wie auch die nachfolgenden sapientialen Weisungen dienen eher der Verdeutlichung eines grundsätzlichen Prinzips; als konkrete Vorschriften sind sie weniger gedacht.

Diesen »aktiven« Maßnahmen entsprechen hinsichtlich der Tochter eher »passive« Vorkehrungen; sie bessern zu wollen, scheint grundsätzlich aussichtslos zu sein, ihr Wesen ist dafür viel zu tief gegründet. Dem besorgten Vater bleiben angesichts dieser Struktur nur äußerliche vorbeugende Maßnahmen: Sie ist nach Kräften unter Verschluß zu halten. Ist eigene Aufsicht vorübergehend nicht möglich, so empfiehlt es sich, Ersatz zu besorgen, um keine Gelegenheit durch die eigene Abwesenheit zu bieten. Die Weisung, sie fensterlos wohnen zu lassen, erinnert uns an das »Fensterln« mit seiner Gefährdung für die Tochter. Entscheidend ist jedoch hier das Stichwort vom »Ausblick«, das auf eine sehr ernstzunehmende Tradition hinweist: Der unkeusche Blick ist die bereits geistig vollzogene Unkeuschheit selber und richtet den Menschen im Sinne der synthetischen Lebensauffassung (so wie ich tue, so ergeht es mir auch; ein Tun-Ergehen-Zusammenhang) zugrunde:

»Die Unzucht einer Frau – an den Blicken der Augen und an ihren Augenwimpern kann sie erkannt werden« (Sir 26,9).
»Vor schändlichem Auge hüte dich und wundere dich nicht, wenn es dir Übles antut« (Sir 26,11).
»Bedecke dein Auge vor einer anmutigen Frau, und nicht sollst du auf Schönheit schauen, die dir nicht

gehört. Wegen einer Frau sind viele zugrunde gegangen, ja, ihre Liebhaber wird sie im Feuer verbrennen« (Sir 9,8; man beachte zu letzterem die Abwandlung durch Jesus: »Wenn dir aber dein rechtes Auge Ärgernis schafft, so reiß es aus und wirf's von dir. Es ist besser, daß eins deiner Glieder verderbe und nicht der ganze Leib in die Hölle geworfen werde«, Mt 5,29; vgl. V. 30).

Jesus steht hier als Weisheitslehrer mit letzter Radikalität ganz in dieser sapientialen Tradition (Mt 5,28–30).

3. Die »fremde« Frau

Nicht nur die Tochter, auch der junge Mann (baḥûr) steht in Gefahr, vorehelichen Verlockungen zu erliegen. Breiten Raum nehmen deshalb die Warnungen vor der »fremden« Frau ('iššā zarā w^{e}nåkrijjā) ein (Spr 9,8–13 u.m.; vgl. in der Prophetie Sach 5,5–11). Sirach 9,1–9 entfaltet eine ganze Systematik »gefährlicher« Frauen: Hier wird gewarnt vor Eifersucht der eigenen Frau gegenüber, vor käuflicher Liebe, vor der »fremden« Frau, vor Saitenspielerinnen, vor der Schönheit einer Jungfrau und der einer anmutigen Frau und schließlich vor der Tischgemeinschaft mit einer anderen verheirateten Frau (vgl. 1 Mo 39,7–18). Anders als diese eher pragmatisch klingenden Hinweise sind die Warnungen vor der »fremden« Frau im Sprüchebuche gestaltet. Die »fremde« Frau verführt bezeichnenderweise weniger durch äußerliche Attraktivität (Spr 6,25) als durch ihre schmeichelnden Worte (Spr 5,3; 6,24; 7,5.[13–20].21; 9,16f.; 22,14). Sie bildet so eine Gegenfigur zur Weisheit, die mit ihren mahnenden Worten zum Leben (l^{e}haṣṣîl^{e}ka; ḥjh) führen will (Spr 2; 6,23; 7,1f.; 9,6.11 u.m.). Die fremde Frau führt aber zum Verderben, ihr Haus ist die Unterwelt selber (Spr 2,18f.; 5,5f. 22f.; 7,9.22f. 26f.; 9,18). Bei der Deutung der »fremden« Frau fehlt es nicht an zahlreichen, zum Teil kuriosen Deutungen (bei G. Boström und G. Boström selber). Eine reale Frau scheidet hier jedoch aus, denn jene verführt nicht primär mit schmeichelnden Worten. Es muß sich hier also um ein übertragenes Phänomen handeln, das ja durchaus die reale Deutung einzubeziehen vermag. Geht man von der Liebe der hypostasierten Weisheit aus (Spr 8,17; s.u.), die mit Gott engstens verbunden ist, so stellt sich das Gottesverhältnis als eheähnliche Beziehung dar (gegenüber Hos 1–3.4 ff. individualisiert). Wer den Weg der Wahrheit verschmäht, begeht in diesem Sinne Ehebruch, da er sich mit der widergöttlichen Torheit einläßt, die den Betreffenden geistlich-physisch zugrunde richtet. Von Ausländern kann ein besonderer Reiz ausgehen (1 Mo 12,14 par; 19,5; das weiß man in Showgeschäft und Reklame heute immer noch sehr gut), der die eigene Kulturidentität in Frage zu stellen vermag. Mit dem Ausdruck der »fremden« Frau ist besonders der verführerische Reiz betont. Der Geschlechtsumgang mit ihr bedeutet völlige Aufgabe der eigenen Identität, die ja in erster Linie in der Gottesfurcht bestehen sollte, die sich aber auch in der Einbettung des Lebensweges in die elterliche Weisheitslehre bekundet (Spr 5,1 ff.; 6,20–24; 7,1 ff.). Es kann deshalb heißen:

> »Ein Mann, der Weisheit liebt (’ahăb), erfreut seinen Vater, wer aber mit Huren (zônôt) verkehrt, richtet seinen Besitz zugrunde« (Spr 29,3).

Die Assoziation mit dem Gleichnis vom verlorenen Sohne liegt nahe: Auch von diesem ist im übertragenen Sinne berichtet, er habe mit Huren das Vermögen verschlungen (Lk 15,30). Deutlich stehen sich hier rechtes Gottesverhältnis und Hurerei als Verlassen der sapientialen Ethik einschließlich der Gottesfurcht in der Tradition der »fremden« Frau gegenüber.

4. Die Braut und die hypostasierte Weisheit

Der Eintritt in die Ehe klammert einen bestimmten Gefahren- und Sündenkomplex der Unverheirateten aus, das gilt für Mann und Frau gleichermaßen:

> »Sobald man in den Ehestand tritt, wird der Sündenquell verstopft« (Rabbinische Weisheit, bei M. Kluge,

S. 52; dort fehlt leider eine genauere Quellenangabe).

Ähnlich diesem Worte ist wohl die Weisung 1. Korinther 7,2.8f. zu verstehen. Der Unverheiratete driftet »unstet und flüchtig« in eine Kainsexistenz ab (Sir 36,24–26). Es steht also für den Mann, der sich um Weisheit bemüht (und von dieser Perspektive gehen aufgrund ihrer Lehrhaftigkeit alle Texte aus), fest, daß er sich um eine Ehefrau bemühen soll. Doch welche Kriterien der Partnerwahl sollen ihn bei der Suche leiten? Die Ehe ist für den Weisen eine überwiegend geistige Bindung; das ist für die Beurteilung der Ehe von äußerster Wichtigkeit. Es ist an erster Stelle ganz selbstverständlich, daß der weise Mann sich auch eine weise, verständige Frau sucht. Er möchte ja keinesfalls in die Hände der »fremden« Frau geraten, auch nicht in der mildesten Form:

> »Nur nach seinem Werte wird dem Manne eine Frau beschert« (Rabbinische Weisheit, bei M. Kluge, S. 51).

So kritisiert der auch weisheitlich geschulte Prophet Jesaja die mit dem Frauenschmuck einhergehende Hochmütigkeit (Jes 3,16–24; vgl. H. Rockel). Doch wird andererseits die natürliche Schönheit einer Frau hoch gerühmt:

> »Die Schönheit einer Frau erheitert das Antlitz, sie ist höher als alles, was das Auge begehrt« (Sir 36,22).

Berücksichtigt man innerhalb des antiken und damit auch biblischen Denkens, daß heilsame Ordnung als Lebensgrund sich besonders in äußerer Ordnung niederschlägt, die dann als Schönheit empfunden wird (also auch die Architektur des Tempels), so wird deutlich: Die Schönheit einer Frau ist erst in Verbindung mit sapientialem Wesen vollgültig, ansonsten ist sie vordergründig:

> »Ein Goldring im Rüssel eines Wildschweines – eine schöne Frau ohne Verstand (ṭă^{c}ăm)« (Spr 11,22; ṭă^{c}ăm bedeutet auch »Empfindung«, »Klugheit«. W. Gesenius – F. Buhl, Lexikon).

Über aller äußerlicher Schönheit steht folglich das Kennzeichen der Gottesfürchtigkeit:

»Täuschung ist die Anmut (ḥen), Nichtigkeit die Schönheit – eine jahwefürchtige Frau, sie sei gerühmt!« (Spr 31,30).

Absolute Schönheit ohne sapientiales Wesen ist also geradezu zerstörerisch gefährlich (Nichtigkeitsbegriff; vgl. Sir 25,21); deutlich ist das am Wesen der »fremden« Frau (s. o.). Durch die Frau sind zwar Sünde und Tod in die Welt gekommen (Sir 25,24–26; s. u.), aber die Rabbinen beweisen aus dem gottgegebenen entwicklungspsychologischen Vorrang der Frau deren geistige Überlegenheit über den Mann:

»Gott hat dem Weibe geistige Reife im früheren Alter verliehen als dem Manne.« »Ein Greis ist ein Hindernis, eine Greisin ein Schatz im Hause« (Rabbinische Weisheit, bei M. Kluge, S. 53).

Der sich um weisheitliche Erkenntnis bemühende Mann erkennt natürlich auch die eher intuitive Sapientialität seiner Frau. So wird dann die Weisheit überhaupt als Frau personifiziert bzw. hypostasiert, verkörpert. Sie tritt als Prophetin mit göttlicher Autorität (Spr 1,20–33), als Mittlerin zwischen Gott und Mensch (Spr 2) und auch mit priesterlichem Charakter (Spr 3,1–26) auf. Sie offenbart sich selbst ganz im Stile der Gottesoffenbarung auf dem Sinai (Spr 8; Sir 24,1–25,8), trägt also selber göttlichen Charakter. Ihre Gegenspielerin ist »Frau Torheit« (ʾešæt k^e^sîlût, Spr 9,13) in Sprüche 9 bzw. die »fremde Frau« (s. o.). Vor diesem Hintergrunde ist es also ganz verständlich, daß der weisheitlich geschulte und orientierte Mann sich eine weisheitliche Frau sucht. Er liebt seine Frau als einzelne Person und sieht doch in ihr darüber hinaus eine Verkörperung der Weisheit als Hypostase. Dieses Verhältnis ist auch wechselseitig:

»Ich liebe, die mich lieben und die, die mich ersehnen, werden mich finden« (Spr 8,17).

Man könnte hier also von sapientialem Eros reden (vgl. Sir 51,13–29), der zusammen mit der Gottesfurcht die ganze Existenz des Weisen bestimmen sollte (vgl. M. Luther: »Wir sollen Gott über alle Ding fürchten, lieben und vertrauen«, in: Bekenntnisschriften der evangelisch-lutherischen Kirche, Göttingen 1976[7], S. 507). Hieraus ergibt sich auch die *Selbstverständlichkeit der Monogamie* (Einehe) für den Weisen: Eine solche intensive Bindung kann er nur mit *einer* Frau eingehen. Von der Zeit der Erzväter wird die Polygamie (Mehrehe) urteilslos berichtet, und für die israelischen Könige war ein Harem zur wirtschaftlichen und kräftemäßigen Repräsentanz sogar selbstverständlich. Mit dem Verlust der Liebeskraft war auch das Ende der Regierungsmacht eines Königs gekommen (1 Kö 1,2–4.5 ff.). Deshalb konnte auch der Weise an sich, König Salomo, einen gewaltigen Harem von 700 Haupt- und Nebenfrauen besitzen (1 Kö 11,3), was aber negativ beurteilt wird (1 Kö 11,3 ff.). Nicht selten wird das durch die Polygamie bedingte Leid einzelner Frauen vor Augen geführt (1 Mo 21,8 ff.; 1 Sam 1 u. m.). Wir müssen auch davon ausgehen, daß angesichts der in der Regel bescheidenen wirtschaftlichen Verhältnisse des Durchschnittshauses Polygamie selten gewesen sein muß, denn für den Broterwerb war der Vater allein zuständig. In der späteren Weisheit ändert sich nun das Königsideal zugunsten der Monogamie, der primär geistigen Ehebindung. Es heißt in der Weisheitsunterweisung an den (ausländischen) König Lemuel von seiner Mutter (!):

> »Gib nicht den Frauen deine Kraft und deine Wege (?), Könige zu verzehren (?)« (Spr 31,3; V. 3b ist textlich unsicher).

Er soll vielmehr unter Verzicht auf den die Geistigkeit beeinträchtigenden Alkohol (Spr 31,4–7) mit Gerechtigkeit richten, also das Grundgebot für das Königtum, geistige Ordnung (ṣædæq) zu schaffen, erfüllen (Spr 31,8 f.). Daß für den Weisen nur die exklusive monogame geistige Bindung in Frage kommt, zeigt auch die verwandte Struktur der ihm zusätzlich zur Ehe empfohlenen sapientialen Freundschaft:

> »Die, die du grüßt, mögen zahlreich sein, aber der Partner deiner Beratung sei einer von tausend« (Sir 6,5).

Das Alte Testament kennt also durchaus die Monogamie als selbstverständliche Ordnung. Dabei ist entscheidend, daß das Alte Testament als geschichtlich gewachsenes Buch verstanden sein will, bei dem sich Wahrheit als Folge der Offenbarung so entfaltet, daß Neues stets im Alten enthalten ist und das Alte deshalb niemals ablösen kann. Für den Christen ist dabei die jeweils letzte Stufe diejenige mit der größten existentiellen Erheblichkeit. Er kann also nicht auf Grund des bibelkundlichen Befundes einfach Polygamie und Monogamie gleichberechtigt nebeneinanderstellen und sich gar noch auf die alttestamentliche Polygamie berufen. Für ihn sollte vielmehr bei einem Verständnis des Alten Testamentes als einem geschichtlich gewordenem Buch die Monogamie als letzte Stufe in dieser Tradition verpflichtend sein, wenn dem Neuen Testament dazu nichts direkt zu entnehmen ist.

Wie wichtig die Wahl einer wirklich weisen Frau ist, zeigen die zahlreichen Sprüche mit der Thematik der nicht tugendhaften Frau.

5. Die nicht tugendhafte Ehefrau

Selten wird in der Bibel etwas Negatives thematisch entfaltet. Geschieht es doch, muß ein dringlicher Grund vorliegen. Bei den verstreut tradierten Sprüchen mit der Thematik der nicht tugendhaften Frau kann man grundsätzlich davon ausgehen, daß ihnen bitterste existentielle Erfahrung zugrundeliegt und sie auch zur Warnung an die Unverheirateten überliefert worden sind. Bei aller Idealität der Frau Weisheit war man sich gleichermaßen der möglichen konkreten Realität bewußt. Welche Eigenschaften nun hat man bei der nicht tugendhaften Frau bemängelt? Dem um die Kostbarkeit des Logos (Wort) besorgten Weisen (Spr 10,19 f; 12,14; 24,26 u. m.) muß vor allem das Mundwerk mancher Frauen auf die Nerven gegangen sein. Beklagt wird so die Schwatzhaftigkeit allgemein:

> »Eine laute und schwatzhafte Frau wird wie eine Kriegstrompete, die in die Flucht treibt, angesehen werden. Jedermann aber, der ebenso veranlagt ist, wird

sein Leben in pausenlosem Kampf zubringen« (Sir 26,27; vgl. 26,5).

(Die Feststellung »Es steht der Frau übel an, in der Gemeinde zu reden« in 1. Korinther 14,35 bezieht sich wohl auf allzu große Offenheit der korinthischen Frauen in Gebetsgemeinschaften.) Die Unerträglichkeit einer streitsüchtigen Frau wird mit dem quälenden Regengeräusch verglichen:

»Ein tropfendes Dach am Tage (heftigen) Regens und eine streitsüchtige Frau gleichen sich« (Spr 27,15; ähnlich Spr 19,13).

Angesichts einer solchen streitsüchtigen Frau vermag der eingeschüchterte Weise nur das Weite zu suchen; das Zusammenleben mit gefährlichen Tieren ist dann angenehmer:

»Es ist besser, auf der Ecke des Daches zu wohnen als mit einer streitsüchtigen Frau und im gemeinsamen Haus« (Spr 21,9=25,24).
»Es ist besser, in der Wüste zu leben als (mit) einer streitsüchtigen und grämlichen Frau« (Spr 21,19).
»Mit einem Löwen und Drachen zusammenzuleben, erschiene mir angenehmer, als mit einer schlechten Frau zusammenzuleben. (17) Die Bosheit einer Frau verfinstert das Aussehen eines Mannes, so daß er sein Angesicht verstellt wie ein Bär. (18) Unter Freunden sitzt ihr Mann, und ohne, daß er es merkt, seufzt er« (Sir 25,16–18).

Streit und Zorn sind schlimm an sich, aber die Frau verleiht Zorn und Bosheit unübertreffliche Qualität:

»Jedes Leid, aber kein Herzeleid, jede Bosheit, aber keine Frauenbosheit. (14) ... (15) Kein Gift geht über Schlangengift, und kein Zorn geht über Frauenzorn« (Sir 25,13.15).

Das Ideal der geistigen Gemeinschaft ist natürlich gänzlich

verfehlt, ist die Frau trunksüchtig (Sir 26,8). Die geistige Gemeinschaft wird jedoch besonders durch Ehebruch entwertet, jener wird besonders breit thematisiert (allerdings auch hinsichtlich des Mannes, vgl. Sir 23,17.18–27; 26,9.22.25). Ehebruch findet in einer vor Gott fatalen Täuschung hinsichtlich der Gewichtigkeit seine höchste Zuspitzung:

»... so ist der Weg einer ehebrecherischen Frau: Sie ißt und wischt ihren Mund ab und spricht: Ich habe nichts Böses getan« (Spr 30,20).

»Essen« umschreibt hier wie in Sprüche 9,17; 1. Timotheus 4,3 u. m. die Geschlechtsgemeinschaft (B. LANG, S. 144). Wird in Sirach 26,7 das Zusammenleben mit einer »schlechten Frau« mit dem Sichabgeben mit einem Skorpion verglichen, so drückt das die (für den Mann) tödliche Wirkung einer solchen Gemeinschaft aus. Angesichts einer solchen Perspektive wundert es nicht, daß in Sirach 25,24–26 unter Anspielung auf 1. Mose 2,21; 3,6 die Scheidung empfohlen wird (vgl. 5. Mose 24,1):

»Von einer Frau stammt der Anfang der Schuld, und ihretwegen sterben wir alle. (25) Erlaube dem Wasser keinen falschen Leitungsweg und gib nicht Raum den Ansprüchen einer schlechten Frau! (26) Wenn sie sich nicht von deiner Hand leiten läßt, so trenne sie ab von deinem Fleisch« (Sir 25,24–26).

Erst angesichts der schwerwiegenden möglichen Belastungen seitens der Ehefrau ist ein Satz wie der folgende verständlich:

»... gesegnet ist der, der mit einer klugen Frau zusammenlebt ...« (Sir 25,8).

(Ob die Komposition Prediger 7,25–29 wirklich ein pessimistisches Frauenbild zum Thema hat, ist, wie auch vieles andere in dem sehr rätselhaften Abschnitt, umstritten; Thema könnte andererseits der Tod sein. In Prediger 9,9 scheint jedenfalls ein positives Frauenbild vorzuliegen. Vgl. W. ZIMMERLI und N. LOHFINK zur Stelle.)

Der Textbefund könnte nahelegen, es habe im »patriarchalischen« alten Israel nur subjektiv perfekte Ehemänner gegeben, aus deren Perspektive erst die objektiv revoltierenden und emanzipationssüchtigen Frauen in diesen grellen Farben erscheinen müssen (ähnlich MCKEATING). Es ist aber bei der Deutung der Texte zweierlei zu berücksichtigen: a) Der Weisheitslehrer geht gegenüber seinen Schülern von einem Ideal aus, dem er persönlich nach Kräften nachzukommen sucht, mit dem er sich aber nicht völlig zu identifizieren vermag. Aus der idealen Perspektive der Selbstgerechtigkeit in den Texten kann nicht eine Selbstherrlichkeit der Weisheitslehrer (auch als Ehemännern) geschlossen werden; sie müssen jedoch sehr unter einer ihren Idealen widersprüchlichen Ehefrau gelitten haben. b) Es gibt im Sprüche- und auch im Sirachbuch das Ideal der tugendhaften Ehefrau, dem seinerseits positive Erfahrung zugrunde liegen muß.

6. Die tugendhafte Ehefrau

Das Bild der tugendhaften Ehefrau ist hauptsächlich in dem das Buch der Sprüche abschließenden, also an herausgehobener Stelle stehenden akrostichischen Lob (die Verse beginnen als Merkhilfe mit dem Buchstaben des hebräischen Alphabets, sozusagen von A bis Z) der sapientialen Hausfrau (Spr 31,10–31) niedergelegt (abhängig davon ist Sir 26,1–4.13–18). Bildet sie nun das ideale Gegenstück zu der nicht tugendhaften Frau? Jene war als schwatzhaft, streitsüchtig, boshaft, grämlich, zornig, lüstern und ehebrecherisch beschrieben worden, nimmt man hier die verstreuten Adjektive einmal zusammen. Das Ergebnis ist überraschend: Als einzige Gegeneigenschaft zu der nicht tugendhaften Frau findet sich die der Verschwiegenheit:

> »Ihren Mund öffnet sie mit Weisheit, und die weise Lehre (tôrät ḥæsæd) ist auf ihrer Zunge. (27) Sie betrachtet (aufmerksam), was in ihrem Hause vor-

geht, und sie ißt nicht das Brot der Faulheit« (Spr 31,26 f.).

»Eine Gabe des Herrn ist eine schweigsame Frau, es gibt keinen Preis für einen wohlerzogenen Menschen. (26,15) Anmut über Anmut besitzt eine schamhafte Frau, es gibt keinen Preis für eine, die ihren Mund beherrscht« (Sir 26,14 f.).

Diese ideale Frau ist verschwiegen, obwohl sie genau weiß, was in ihrem Hause vorgeht (die Angelegenheiten anderer scheinen sie nicht zu interessieren). Immerhin ist an dieser einzigen Negativaussage erkennbar, wie wichtig der rechte Gebrauch der Zunge für ein heilvolles Zusammenleben, auch vor Gott, ist (vgl. Mt 12,33–37 par; Jak 3,1–12). Aus der Tatsache, daß sich hier nicht genau entsprechend Bild und Antibild finden, muß geschlossen werden, daß hinter beidem reale Erfahrungen stehen und nicht rein konstruierte Gestalten. Welche Eigenschaft hat nun weiterhin die tugendhafte Frau? Wie schon in Sprüche 31,27 (s.o.) angedeutet, steht in breiter Entfaltung der Fleiß dieser tüchtigen Frau (vgl. Spr 31,19):

»Sie ist bedacht auf Wolle und Flachs und arbeitet mit willigen Händen. (31,14) Sie ist wie die Handelsschiffe: Aus der Ferne bringt sie ihr Brot. (31,15) Sie steht auf, wenn es noch Nacht ist und gibt Nahrung ihrem Hause, das Gebührende (ḥoq) ihren Töchtern. (31,16) Sie sinnt auf ein Feld und erwirbt es, von den Früchten ihrer Hände pflanzt sie einen Weinberg« (Spr 31,13–16; 31,16 ist naṭ^{e}ᶜā zu lesen; ḥoq ist entweder der Brotanteil (Spr 30,8) oder das Arbeitspensum (2 Mo 5,14).

Der Fleiß der tugendhaften Hausfrau ist von einer geheimnisvollen Sphäre umgeben. Sie arbeitet still und beständig, aber mit einem Male sind Ergebnisse da, über die man nur staunen kann (31,15). Als Frühaufsteherin ist sie Antitypus zum faulen Mann (Spr 6,9; 26,14 u. m.). Auch die sehr harte Arbeit einer Weinbergpflanzung ist eigentlich Arbeit des Mannes (Jes 5,2); sie leistet das jedoch zusätzlich zu ihrer

Hausarbeit (Spr 31,16). Sie besitzt nämlich außerordentlich große Kraft:

> »Sie gürtet mit Kraft ihre Hüften, sie macht ihre Arme stark« (Spr 31,17).

Ihr Kennzeichen sind jedoch geistige und spezifisch weibliche Eigenschaften. So hat sie ein bestimmtes feines Gespür:

> »Sie fühlt (ṭ^{c}m), daß ihr Erwerb gut ist, nicht erlöscht in der Nacht ihr Licht (ner)« (Spr 31,18; es ist lăjlā zu lesen).

Hier ist möglicherweise an eine Doppelbedeutung gedacht: Sie weiß intuitiv um die Qualität der Lampe, aber auch das Licht ihres Geistes leuchtet beständig. Mit diesem Gespür entwickelt sie auch eine gewisse Geschäftstüchtigkeit (Spr 31,24). Weiterhin zeichnet sie Liebe und Barmherzigkeit aus:

> »Ihre Hand reicht sie dem Armen (^{c}anî), und ihre Arme streckt sie dem Bedürftigen ('æbjôn) aus« (Spr 31,20).

So vermag sie, ihrem Hause auch im übertragenen Sinne »Wärme« zu bieten. Im realen Sinne ist sie bei ihrer Vorsorge doppelt umsichtig, mehr als eigentlich nötig wäre (Spr 31,21). All ihr Tun ist mit Liebe und Freude gekennzeichnet:

> »Kraft und Ehre (hadar) ist ihr Kleid, und sie lacht des anderen Tages« (Spr 31,25).

Quelle ihrer Kraft, ihrer Liebe und Freude ist ihr weisheitliches Wesen (Spr 31,26.30; s. o.). Deswegen gebührt ihr auch königliche Kleidung (Spr 31,22) und der Lobpreis ihrer Söhne und ihres Mannes (Spr 31,23.28–31). Eine solche Frau ist eine große Rarität:

> »Eine tüchtige Frau, wer kann (sie) finden? Und fern von Korallen ist ihr Kaufpreis« (Spr 31,11).

Wer ist diese Frau? Wird hinter ihr die hypostasierte Weisheit aus Sprüche 8 gesehen? Die Anspielung auf den die Korallen übersteigenden Wert gibt einen Hinweis:

> »Denn besser ist die Weisheit als Korallen und alle Kleinode gleichen ihr nicht« (Spr 8,11).

Es handelt sich also um die Ehefrau eines Weisen, die selber sapientialen Idealen nachkommt und hinter der der Dichter die hypostasierte Weisheit aus Sprüche 8, kostbarer als Korallen, aufleuchten sieht. Es wundert nicht, wenn an anderer Stelle eine solche Frau als Gabe Gottes gepriesen wird (Spr 18,22; 19,14; Sir 26,1–4). Kann man sich eine höhere Einstufung der Frau vorstellen?

Die tugendhafte Frau in Sprüche 31,10–31 entwickelt also eine erstaunliche Aktivität. Sie ist geheimnisvoll fleißig, kräftig, hat ein nicht hinterfragbares Gespür, sie übt Barmherzigkeit und Liebe, sie ist voller sapientialer Freude, ihre Schönheit ist unbedeutend angesichts ihrer Gottesfurcht. Sie übt Zucht (mûsar), aber nicht im gesetzlichen Sinne. Sie tut aus sich heraus sehr viel mehr für Haus und Familie, als das gesetzliche Maß es verlangt; jenes scheint ganz aus dem Blickfeld geraten zu sein. Das Motiv der sapientialen Freude (Spr 31,25) zeigt ihre innere Freiheit; sie arbeitet nicht aus Zwang oder bloßem Pflichtgefühl. Man erkennt hier die Grundlagen der neutestamentlichen Ethik der »besseren Gerechtigkeit« (Jes 56,1; Hos 6,6; Mi 6,8; Sir 1,26; Mt 4,17; 5,20; 6,1.33; 19,16–22; 22, 34–40), wie sie sich besonders in den Eigenschaften der Zucht (mûsar), der Liebe und Barmherzigkeit, der Freude und der Gottesfurcht zeigt. Die neutestamentliche Aufwertung der Frau besitzt neben ihrem urgeschichtlichen Hintergrund hier im Bilde der Frau in der Weisheit ihre Vorformung. Die moderne »Feministische Theologie« vermag sich nicht rechtmäßig auf angeblich patriarchalisch-frauendiskriminierende Strukturen zumindest in der Weisheitstradition des Alten Testamentes zu berufen. Auch die in christlichen Kreisen gegenwärtig vielfach verteidigte geschlechtliche Freizügigkeit ist aufgrund der Bewertung der Ehe als geistiger und somit exklusiver Gemeinschaft durch die Weisheitstradition in Frage gestellt.

Literatur

S. AMSLER, La sagesse de la femme, in: La sagesse de l'Ancient Testament, ed. M. GILBERT, Leuven 1979, 112–116.

G. BOSTRÖM, Proverbiastudien. Die Weisheit und das fremde Weib, Lund 1935.

H. MC KEATING, Ben Sira's Attitude to Women, in: ET 85 (1973/74), 85–87.

M. KLUGE, Jüdische Weisheiten, München 1981.

B. LANG, Frau Weisheit. Deutung einer biblischen Gestalt, Düsseldorf 1975.

N. LOHFINK, War Kohelet ein Frauenfeind? Ein Versuch, die Logik und den Gegenstand von Koh. 7,23–8,1a herauszufinden, in: La sagesse de l'Ancient Testament, Leuven 1979, 259 bis 287.

H. RINGGREN / W. ZIMMERLI, Sprüche / Prediger (ATD 16/1), Göttingen ^{3}1980 (^{1}60).

H. ROCKEL, Jesaja und die Weisheit, Tübingen 1980 (Typographie).

G. SAUER, Jesus Sirach (Ben Sira) (= JSHRZ III/5), Gütersloh 1981.

H.W. WOLFF, Anthropologie des Alten Testaments, München ^{3}1977 (^{1}1973).

Die Zitate aus dem Sirachbuche sind der Ausgabe von G. SAUER entnommen. Wertvolle Erkenntnisse verdankt der Verfasser Herrn Prof. Dr. H. GESE, Tübingen (Proverbienseminar im Wintersemester 1980/81).

Die Zwei-Reiche-Lehre Martin LUTHERS und die ethischen Konsequenzen

Hansfrieder Hellenschmidt

1. Unsere Situation

Seit Jahren ist das Ringen um das politische Engagement des Bürgers in Staat und Gesellschaft heftiger geworden. Stark voneinander abweichende Meinungen und Lehren liegen in der Bestimmung von Zweck und Ziel des politischen Handelns miteinander im heftigen Streit. Die Ursache dieses Vorgangs ist u. a. auch im Zerfall einer einstmals universalen Gesamtschau der Dinge im Sinne HEGELS zu sehen. In ihr war der Staat als Verkörperung des sittlichen Ideals verstanden worden, aus der die Gesellschaft und der einzelne Handlungsanweisungen für die politische Tätigkeit bezogen. Mit dem Zerfall dieses einheitlichen Systems sind Staat und Gesellschaft zu einem Krisengebilde geworden, und niemand vermag mehr aus dem »entmythologisierten« Staat, frei von aller metaphysischen Begründung, Motive für sein politisches Handeln zu beziehen. T. RENDTORFF schreibt dazu:

> »Die ethisch verbindliche Form des Staates gilt uns heute nicht primär und ohne weiteres als Bestimmungsgrund des politischen Handelns und Verhaltens, sondern das Politische selbst wird als Bestimmungsgrund des Staates thematisch. Überdeutlich tritt dieses Verhältnis darin hervor, daß politisch-soziale *Revolution* den Rang eines Symbols für die Stellungnahme zur überindividuellen Sozialität menschlicher Lebenswirklichkeit einnimmt. Davon ist der traditionelle Ansatz bei der institutionellen Verfaßtheit des politischen Gemeinwesens im Recht und in den Formen anerkannter Autorität betroffen. Er ist in eine Krise geraten, die zu neuer Stellungnahme herausfordert, weit über das vordergründige Pro und

Contra von Revolutionsparolen hinaus« (RENDTORFF, I, 1980, 12,).

Der Staat als Krisengebilde ist leer geworden und kann nur noch schwer die Gesellschaft und ihre Menschen bestimmen.

Fragen wir statt dessen nach der Gesellschaft und versuchen wir, aus ihr Maximen fürs politische Geschäft abzuleiten und zu gewinnen, ist die Verlegenheit nicht minder groß. Nach all den gesellschaftspolitischen Turbulenzen vergangener Jahrzehnte treffen wir überall auf ein zerklüftetes Gesellschaftsbewußtsein. Gegensätzliche -ismen und Ideologien konkurrieren im Bemühen, ihre jeweils eigenen Güter und Werte als Bestimmungsgrund für das politische Handeln geltend zu machen. Der einheitliche Horizont im Verständnis von Staat und Gesellschaft und der ethisch relevanten Bestimmung für das Handeln ist auch hier aufgesprengt. Der Alltagspragmatismus – zu tun, was im Augenblick notwendig und nützlich ist – ist bestimmend geworden, und die theologische oder die philosophische Ethik sollen das Handeln des Menschen nicht mehr bestimmen.

Unsere Gesellschaft, die sich nicht mehr von den obengenannten Ethiken bestimmen lassen will, hat mit innerer Notwendigkeit erfahren müssen, daß sich nun die neuzeitlichen mathematischen Wissenschaften im Dienst der Bedürfnisbefriedigung des Lebens bemächtigt haben. Einzelwissenschaftliche Reduktionismen erheben in der Gesellschaft ihr Haupt und beanspruchen, das weite Feld menschlichen Lebens zu bestimmen. Helmut GEHRKE gibt dazu folgenden Hinweis: »So greift die neue Physik nach dem All, die Geologie nach der Herkunft des Lebens, die historisch-kritische Forschung nach den heiligen Texten, die Psychologie nach dem Seelenleben usw.« (GEHRKE, 1981,16).

Die Wissenschaften haben einen neuen, einen unmetaphysischen und areligiösen Wirklichkeitsbegriff, der lediglich dem diesseitigen Augenblick verpflichtet ist, eingeführt, und sie sind auf dem Wege, durch methodische Abstraktionen die Menschen von der christlichen Ethik zu entbinden und sie und die gesamte Gesellschaft einem soziologischen Regelmechanismus zu unterwerfen. So vollzieht sich unter Verachtung des

Individuums eine Enttheologisierung der Wirklichkeit. Der universale Anspruch des Evangeliums an den Menschen in Staat und Gesellschaft wird damit überwunden, und es ist kaum mehr möglich, von einer christlich fundierten Bestimmung des ethischen Handelns zu reden.

2. Die Frage nach der eigenen Tradition

Wir können uns der eben aufgezeigten Entwicklung und dem derzeitigen Stand der Dinge schwerlich entziehen und müssen uns, wollen wir Weisung für unsere politische Tätigkeit gewinnen, unserer eigenen Tradition zuwenden und sie befragen.

Eine Tradition, die nach wie vor die evangelische Ethik bestimmt, ist die Zwei-Reiche-Lehre LUTHERS, die zum Grundbestand reformatorischer Lehre gehört. In der Auslegung von Gesetz und Evangelium hat sie einen unverwechselbaren Anteil an der theoretischen Begründung evangelischen Christentums und seinem Stehen in der Geschichte.

Wenden wir uns dieser Geschichte zu, stoßen wir auf das Problem, das allen Überlieferungen anhaftet: das Problem der Entfremdung. Was aber heißt das? Das bedeutet, daß eine Tradition in dem Augenblick, da wir nach ihr fragen müssen und über sie nachzudenken beginnen, keine motivierende Kraft mehr hat und wir sie nur dann wieder als Motiv gewinnen können, wenn wir sie in der Annahme verwandeln, d. h. in einer schöpferischen Aneignung das an ihr Erstarrte überwinden. Das zu wissen ist auch für unser Verhältnis zur Zwei-Reiche-Lehre wichtig, denn auch sie können wir nicht mehr unbefangen übernehmen und wie ein Formular im Durchgang durch die Geschichte einfach beliebig oft wiederholen. Trotz der empfundenen Entfremdung dürfen wir uns nicht kurzschlüssig unter ideologischen Gesichtspunkten von diesem Lehrstück trennen, denn es steht nicht ohne Grund in unserer Geschichte, aus der wir auch unsere Motive gewinnen sollen und dürfen – es sei denn, wir gleichen, mit dem Bilde NIETZSCHES gesprochen, dem Tier, das, an den Pfahl des Augenblicks gebunden, sein Dasein ohne Vergangenheit und darum auch ohne Zukunft fristet.

So wird es in der Begegnung mit der Zwei-Reiche-Lehre darum gehen, den ursprünglichen und bleibenden Sinn dieses Lehrstückes zu fassen, um daraus Klarheit für unser politisches Handeln zu gewinnen.

3. Die Zwei-Reiche-Lehre Luthers

Schon zur Zeit des Neuen Testamentes mußte die Christenheit über die Stellung der Kirche in der Welt nachdenken und entscheiden, wie sich der Christ gegenüber Staat und Gesellschaft verhalten soll. Im Römerbrief des Paulus haben wir im 13. Kapitel ein erstes Wort zur Frage »Christ und Staat«. Dieses notvolle und problembeladene Thema fand aber erst im Laufe der Kirchengeschichte seine Entfaltung. Bis zu seiner wohl treffendsten Auslegung in der Zwei-Reiche-Lehre Luthers war ein mühsamer und holpriger Weg zu überwinden. Wie alle anderen Wege der Geschichte, auf denen um die Macht gerungen wurde, ist auch dieser mit Blut und Tränen benetzt.

Nach dem Untergang des Römischen Reiches ging die Kirche ein zweites großes Bündnis mit der aufstrebenden Staatsgewalt des »Frankenreiches«, einem germanisch-romanischen Mischgebilde, ein. Es entstand eine einmalige Synthese aus Germanentum, Christentum und römisch-antikem Erbe. Diese Dreiheit, mit all ihren folgenschweren Explosionen in der Geschichte, bestimmte das ganze Mittelalter.

Zwei Vertreter des Christentums, Papst und Kaiser, repräsentierten an der Spitze die Einheit damaliger Gesellschaftsordnung, die den anspruchsvollen Namen *Corpus Christianum* trug. Die geistlich-weltliche Doppelstruktur der mittelalterlichen Christenheit, die im Anfang ein friedliches Nebeneinander, auch Miteinander von Papst und Kaiser aufzuweisen hatte, barg aber von Anfang an den Keim zum Konflikt in sich. Sobald der Papst ins weltliche Regiment eingriff und der Kaiser im Sinne des Kirchenrechtes gegen die Interessen der Kirche (des Papstes) handelte, trat der Konflikt offen zu Tage. Im Investiturstreit zur Zeit des Kaisers Heinrich IV. (1050–1106) und des Papstes Gregor VII. (1025–1085) wurde er mit raffinierten politischen Schach- und Winkelzügen ausgetragen. In bitterer Feindschaft schrieb HEINRICH IV. gegen den Papst: »›...spreche ich dir jedes Recht auf das Papsttum ab und befehle dir, von dem römischen Stuhl... herabzusteigen‹« (STEFFAHN, 1981, 579). Der Papst antwortete darauf vor versammelter Synode mit einem Gebet an Petrus: »›Durch deine Macht und Vollmacht untersage ich dem König Heinrich, ... die Lenkung des ganzen Reiches der Deutschen und Italiens und löse alle Christen vom Bande des Eides ... und verbiete, daß ihm irgendwer wie einem König diene‹« (STEFFAHN, a.a.O.).

Aus dem offenen und feindlichen Gegensatz der beiden Repräsentanten des *Corpus Christianum* entwickelte sich ein unerbittlicher Kampf zwischen Papst und Kaiser. Am Ende dieses verhängnisvollen Streites steht der Sieg des Papstes über die weltliche Macht. Im »Dictatus Gregorii Papae« hatte sich der Papst GREGOR VII. als Bischof von Rom und als Stellvertreter Christi zur obersten Herrschaftsinstanz in der Christenheit erklärt. Er forderte alleine bestimmen zu können, wer der rechtmäßige König im Reiche sei und verlangte von diesem den Gehorsam gegenüber ihm, dem römischen Bischof. Auch seine Nachfolger auf dem Stuhle Petri haben von diesem Anspruch nicht mehr abgelassen. Am Ende der Auseinandersetzung steht die Behauptung, daß das *regnum gratiae* (»Reich der Gnade«) höher stehe als das *regnum naturae* (»Reich der Natur«) (EBELING, 1981^4, 203).

Konnte das, was mit so viel List und Verschlagenheit betrieben und erreicht wurde, als die rechte Interpretation des Pauluswortes über das Verhältnis von Staat und Kirche gelten? Mitnichten! »Das abendländische Mittelalter«, schreibt EBELING, »ist der schließlich gescheiterte Versuch einer Weltordnung auf Grund einer ins Reich Christi selbst projizierten Zwei-Reiche-Lehre, die dadurch zu einer Zwei-Regimente-, beziehungsweise Zwei-Gewalten-Lehre geworden ist, sich aber zugleich in personaler Hinsicht als Zwei-Stände-Lehre ausgebildet hat« (EBELING, a.a.O.).

Der Machtkampf zwischen Papst und Kaiser war für die geschichtliche und politische Entwicklung des deutschen Reiches ein überaus tragisches Ereignis, denn gegen den politischen

Machtanspruch der Kirche konnte sich das weltliche Regiment nicht frei entfalten. Das ganze Mittelalter war von der Konfliktstruktur, daß das *sacerdotium* über dem *regnum*, die geistliche Gewalt über der weltlichen Gewalt zu stehen habe, gekennzeichnet. Der Kirchenstaat und die geistlichen Fürstentümer sind darum als die konsequente Ausformung des politischen Weltherrschaftsanspruchs des Papsttums und der Kirche in der Geschichte anzusehen.

Dieser unglückliche Gegensatz von Papst und Kaiser ist die Ausgangslage für LUTHERS Zwei-Reiche-Lehre, in der der Reformator gegen die herrschende Meinung die Lehre des Apostels Paulus aus Römer 13 neu interpretiert.

Wie aber wird LUTHER das Problem lösen? Wird er die beiden Gewalten, Kaiser und Papst (Staat und Kirche), die in der Konkurrenz zueinander stehen, unter ihrer jeweils eigenen Herrschaft, die Einheit der abendländischen Christenheit zu repräsentieren, versöhnen, oder wird er sie in zwei beziehungslose Größen voneinander trennen, so daß das weltliche Regiment von aller christlichen Ethik frei ist und die Kirche sich aus der Mitverantwortung für den Staat auf die Pflege der Innerlichkeit zurückzieht?

Weit entfernt von einem solchen Unterfangen ging der Reformator einen anderen Weg, wohl wissend, daß der Herr der Kirche auch der Herr der Geschichte ist. Kaiser und Reich können sich Christus nicht entziehen und dürfen nicht unter falschen Voraussetzungen von ihm abgelöst werden. LUTHERS Auslegung von Römer 13 geht davon aus, daß beide Regimente, das weltliche und das geistliche, der einen göttlichen Person Jesus Christus unterstellt sind. Die beiden Reiche sind wohl zu unterscheiden, aber sie dürfen nicht in Anlehnung an die augustinische Konzeption so voneinander geschieden werden, als ob die Kirche die reine *civitas Dei* (»Reich Gottes«) und der Staat als das weltliche Regiment nichts anderes als die *civitas diaboli* (»Reich des Teufels«) sei, mit dem weder Gott noch die Christenheit etwas zu tun haben. Damit wäre der universale Herrschaftsanspruch Gottes und Christi zugunsten eines einfachen und statischen Verständnisses der Zwei-Reiche-Lehre aufgegeben, und beide Reiche hätten nichts mehr miteinander gemein.

Nicht zu Unrecht lesen wir darum bei EBELING:

> »Die Zwei-Reiche-Lehre läßt sich nicht in einem Diagramm darstellen. Denn hier ist alles Bewegung, Geschehen und Kampf. Der vorzufindende Sachverhalt ist die Vermischung der beiden Reiche. Und es ist Sache nicht einmaliger Erklärung, sondern unablässiger Verkündigung, die Unterscheidung der beiden Reiche zu vollziehen« (EBELING, 1981^4, 200).

Das heißt in Konsequenz, daß trotz der Unterscheidung der beiden Reiche ein beziehungsloses Nebeneinander der beiden Regimente zu behaupten falsch wäre und LUTHERS Zwei-Reiche-Lehre verfehlte. LUTHERS Neuansatz, Römer 13 für die Christenheit auszulegen, geht davon aus, daß sowohl das kirchliche Amt in seiner Mitverantwortung für den Staat als auch das weltliche Regiment im Dienste für Gott neu festgelegt werden muß. LUTHER unterscheidet dabei die beiden Ämter als zwei verschiedene Regimentsweisen, davon die eine vom Gesetz und die andere vom Evangelium bestimmt wird. Die Unterscheidung ist keine Scheidung im Sinne einer Trennung, denn beide haben ihre Einheit in dem einen, der der universale Herr über alle Menschen ist, und der will, daß die Völker unter der Macht des Gesetzes regiert und erhalten werden.

Die Unterscheidung der beiden Reiche als Reich zur Linken (Welt) und als Reich zur Rechten (Reich Gottes) begründet LUTHER nicht zuletzt mit dem Worte Christi vor Pilatus: »Mein Reich ist nicht von dieser Welt« (Joh 18,36 ff.). In seiner Schrift »Von weltlicher Obrigkeit, wie weit man ihr Gehorsam schuldig sei« (1523) sagt LUTHER:

> »Hier müssen wir Adams Kinder und alle Menschen teilen in zwei Teil: die ersten zum Reich Gottes, die andern zum Reich der Welt. Die zum Reich Gottes gehören, das sind alle Rechtgläubigen in Christo und unter Christus. Denn Christus ist der König und Herr im Reich Gottes . . .« (BORCHERDT/MERZ, 5, 1952, 13).

Im Reich zur Rechten hat Christus allein die Herrschaft, die er frei vom Gesetz Moses und ohne die Ordnungen der Welt durch den Ruf des Evangeliums und in den Gaben des Sakramentes ausübt. Denn, so Luther:

> »Nun siehe, diese Leut bedürfen keins weltlichen Schwerts noch Rechts... Denn wozu sollts ihnen, dieweil sie den Heiligen Geist im Herzen haben, der sie lehret und macht, daß sie niemand Unrecht tun... Aber die Ungerechten tun nichts Rechts, darum bedürfen sie des Rechts, das sie lehre, zwinge und dringe wohlzutun... die nicht Christen sind... hat Gott... außer dem christlichen Stand und Gottes Reich ein ander Regiment verschafft und sie unter das Schwert geworfen, daß, ob sie gleich gerne wollten, sie doch nicht tun könnten ihr Bosheit... Denn wo das nicht wäre,... würde eins das ander fressen... Darum hat Gott die zwei Regiment verordnet: das geistliche, welchs Christen und fromm Leute macht durch den Heiligen Geist, unter Christo, und das weltliche, welchs den Unchristen und Bösen wehret, daß sie äußerlich müssen Fried halten und still sein ohn ihren Dank« (Borcherdt/Merz, a.a.O., 13 f.).

Im Reich zur Linken soll dagegen das weltliche Regiment mit dem Gesetz, d. h. mit den Mitteln des Staates für Recht, Ordnung und Frieden sorgen. Weil dem Reich zur Linken das Evangelium nicht anvertraut ist und der Staat weder Predigt noch Seelsorge üben darf, muß er, selbst unter dem Gesetz stehend, das Gesetz im Zeichen der Vernunft praktizieren. In einer Predigt Luthers heißt es:

> »›Die Welt ist gefaßt in diese zwei Reiche... So ist es nicht nötig, daß der Kaiser ein Heiliger ist. Es ist nicht nötig für sein Regiment, daß er ein Christ ist. Es genügt für den Kaiser, daß er Vernunft hat.‹« Und: »›... so hat Gott das weltliche Regiment der Vernunft unterworfen und befohlen, weil es nicht der Seelen Heil noch ewiges Gut, sondern allein leibliche und zeitliche Güter regie-

ren soll, welche dem Menschen Gott unterwirft ... Derhalben auch im Evangelium nichts davon gelehrt wird, wie es zu halten und zu regieren sei, außer daß es gebietet, man solle es ehren und nicht dawider sich setzen« (EBELING, 1981[4], 211).

Hat LUTHER die Unterscheidung der beiden Reiche durchgeführt, so hat er doch im Gegensatz zu AUGUSTIN, der den Staat als Satansreich bezeichnet und allein die Kirche unter Gott gestellt hat, auch den Staat als eine Regimentsweise Gottes verkündigt. Damit trat etwas Neues in Erscheinung. LUTHER gab, indem er den theokratischen Anspruch der Kirche verwarf, dem Staat als dem Regiment Gottes zur Linken seine Würde, im Dienste Gottes zu stehen, wieder zurück.

Gleich wie Gott nicht nur das Evangelium, sondern auch das Gesetz gegeben hat, hat er nicht nur das Reich zur Rechten, sondern auch das Reich zur Linken gestiftet. Auch das Reich zur Linken, in dem es um das politische und soziale Leben geht, steht nicht außerhalb der Regierung Gottes. In ihm soll nach Gottes Willen Frieden gehalten werden, damit die Menschen nicht im Kampf aller gegen alle untergehen müssen. Beide Reiche stehen unter Gott, denn auch im Gesetzeshandeln im Reich zur Linken wirkt sich sein Regiment aus.

4. Die ethischen Konsequenzen

Sind die beiden Reiche in Gottes Hand vereinigt und zusammengehalten, aber in ihrer heilsgeschichtlichen Funktion für diese Weltzeit doch unterschieden, ergibt sich für den Christen notwendig für seine Stellung im Reich der Welt und seinem Handeln in ihm die Frage nach den ethischen Konsequenzen.

In der Ethik geht es darum, das Handeln des Menschen in Beziehung zu Normen oder Geboten zu bringen. Ist das richtig, so heißt nun die Frage: Gibt es für LUTHER in Auslegung und Anwendung der Zwei-Reiche-Lehre für das Handeln eine alle Zeit gültige, immer richtige und stets zuverlässig bestimmende Norm? Eigentlich müßte nun das reformatorische Lehrstück »Gesetz und Evangelium« betrachtet werden, weil es der Dreh-

und Angelpunkt für die Ethik innerhalb der Zwei-Reiche-Lehre ist und das Fundament des Verständnisses zu allem, was nun gesagt werden muß, abgibt. Aus räumlichen Gründen wird aber hier auf die Entfaltung dieses Themas verzichtet werden.

In der Frage nach den ethischen Handlungsanweisungen werden die Ausführungen in ELERTS »Morphologie des Luthertums« herangezogen und manche seiner trefflichen Beobachtungen in der Auslegung der Zwei-Reiche-Lehre LUTHERS zur Darstellung gebracht. Wir stoßen nämlich bei ELERT auf eine interessante Gegenüberstellung von LUTHERS und MELANCHTHONS verschiedenen Denkansätzen, die in der Abhebung voneinander zu einem besseren Verständnis der ethischen Konsequenzen innerhalb der Zwei-Reiche-Lehre beitragen. In der Auseinandersetzung mit den beiden Gedankenreihen LUTHERS und MELANCHTHONS stehen wir mitten in den Problemen unserer Tage, die von der Frage nach dem rechten Handeln in der Zeit bestimmt sind.

Beginnen wir mit MELANCHTHON. ELERT zeigt, daß MELANCHTHON, um zu Handlungsanweisungen zu kommen, von einem Ideal ausgeht (ELERT, II, 1965[3]). Das von ihm gemeinte Ideal ist die Sozietät, eine in einem Verband zusammengefaßte »ideale Gesellschaft«. Es darf hier aber nicht an ein willkürliches Ideal gedacht werden, denn MELANCHTHON führt sein Ideal auf Gott selbst zurück. Er drückt es mit den Worten aus: »*Vult Deus esse consociationem*« (Gott will die Gesellschaft) (ELERT, II, 1965[3], 29). Im Sinne MELANCHTHONS heißt das: »Aller Wille Gottes an die Menschen zweckt ab auf Herstellung einer wohlorganisierten, befriedeten und an allen wahren Gottesdienst hingegebenen Gesellschaft« (ELERT, a.a.O.). Solcher Denkansaz verschafft MELANCHTHON im Gegensatz zu LUTHER und der Bibel eine nicht unbedenkliche Nähe zu den philosophischen Gesellschaftsentwürfen. Allerdings gewinnen auf diese Weise beide Reiche bei MELANCHTHON eine unmittelbare und direktere Weise der Beziehung, als es LUTHER möglich war. Aber gerade darin sieht ELERT eine Fehlentwicklung von folgenschwerer Bedeutung, weil MELANCHTHON den Sozietätsbegriff und damit die Gesellschaft selbst zum Maßstab für Gebote und Weisungen macht. Entgegen LUTHERS Weise, das Thema »Gesetz und Evangelium« für die Ethik fruchtbar zu machen und den Christen unter der Frage: Was soll ich tun? ans Gebot zu binden, führt MELANCHTHONS Consoziationsmotiv in die philosophische Naturrechtslehre. Diese geht stets davon aus, daß der Mensch dank seiner im Geiste immanenten Anlagen selbst zu ethischen Handlungsanweisungen kommen kann. Eine so gewonnene Ethik nennt ELERT aber utopistisch, weil fälschlicherweise davon ausgegangen wird, daß eine Konformität zwischen dem göttlichen und dem menschlichen Geiste bestehe, aus der eine direkte Ableitung ethischer Bestimmungen möglich ist. Damit wäre, wenn das sittliche Gebot erfüllt wird, der »Gehorsam ... Gehorsam gegen das Ideal in unserer eigenen Brust, insbesondere gegen das Sozietätsideal, das mit der *mens divina* (dem göttlichen Geist) identisch ist« (ELERT, a.a.O., 30).

LUTHER geht für die Bestimmung des Handelns in Staat und Kirche einen anderen Weg. Dabei vertritt er keineswegs die ihm immer vorgeworfene »doppelte Moral«, die dem Christen, der im Reich zur Rechten in der Weise der Liebe Christi handelt, erlaube, im Reich zur Linken die Liebe zu verlassen und unter der Maßgabe von Recht und Gerechtigkeit Strafe und Vergeltung zu üben. Solche und andere Vorwürfe verraten, daß LUTHERS Lehre von den beiden Reichen bzw. den beiden Regimentsweisen Gottes weder erkannt noch begriffen ist. Gegen alle schwärmerischen Theologien, die entweder die beiden Reiche in ein Gottesreich und ein Satansreich voneinander trennen und damit die Herrschaft Gottes auch im Weltreich leugnen, oder die den Ostersieg Jesu Christi radikalisierend die Bergpredigt als das neue Gesetz für die Welt in Anspruch nehmen, weiß LUTHER, daß die Ethik des Christen aus der eschatologischen Spannung der beiden Reiche, die im Zeichen des »Schon« und »Noch nicht« stehen, zu formulieren ist und sich darin zu bewähren hat. Eine direkte Inanspruchnahme z. B. der Bergpredigt für die Ethik im Reich zur Linken hat in der Geschichte noch immer verhängnisvolle Konsequenzen gehabt.

Das »Reich Christi zu Münster«, das in der Reformationszeit aus der »wild-phantastischen apokalyptischen Predigt« (HEUSSI, 327) hervorging, und sein katastrophaler Untergang 1535 ist ein beredtes Beispiel für die negativen Folgen, wenn auf unerlaubte Weise die Bergpredigt für diese Weltzeit in Anspruch genommen wird.

LUTHER kann im Gegensatz dazu beim Versuch, ethische Weisungen für das Handeln zu gewinnen, nicht davon absehen, daß der Christ trotz des Ostersieges Jesu Christi noch immer in einer schicksalhaften Wirklichkeit *post lapsum* (»nach dem Sündenfall«) steht. Das *simul justus et peccator* (»Gerechter und Sünder zugleich«), das Ausdruck für das Stehen des Christen in beiden Reichen ist, verbietet es ihm, das ethische Problem durch ein falsches Bergpredigtverständnis zu neutralisieren. Darum gibt es für LUTHER kein mit der Bibel harmonisierendes Gesellschaftsideal, aus dem sich das Handeln des Christen bestimmen ließe. Die immanenten Größen, wie z. B. Sozietät (Gesellschaft), Dekalog (Zehn Gebote), Naturrecht oder auch (im Sinne heutiger Möglichkeiten) die in sich geschlossenen Gesellschaftssysteme, dürfen und können den Christen ebensowenig wie die Bergpredigt im Sinne eines Ideals in seinem Handeln bestimmen. Es ist unerlaubt, die Bergpredigt als unmittelbare Handlungsanweisung in beiden Reichen zu verstehen. LUTHER ist solches nicht möglich, weil er das Evangelium allein mit dem Reich Christi identifiziert, und das ist der Welt nicht verfügbar, sondern immer *absconditum* (»verborgen«).

Nehmen wir ernst, was LUTHER sagt, so ist es unstatthaft, das Evangelium mit einem ethischen Programm und das Reich Gottes im Sinne KANTS mit einem Reich der sittlichen Zwecke zu verwechseln, aus dem sich das Handeln des Christen in beiden Reichen bestimmen ließe. Das Handeln des Christen läßt sich auch von keinem sogenannten christlichen Prinzip ableiten, das ein für allemal richtig ist und unverändert für alle Zeiten gilt. Fragen wir, warum das so ist, so antwortet ELERT mit dem Hinweis, »daß die letzte Norm für das Ethos des Christen« nicht einem Normenkatalog entspringt, sondern »streng persönlicher Art ist. Sie ist Gott selbst« (ELERT, II, 1965[3], 24). Gott selbst will die Seinen führen und in ihrem Handeln bestimmen. Allein der Glaube, der in völliger Abhängigkeit zu ihm steht, empfängt Weisung, die allerdings im Reich zur Rechten anders zustandekommt als im Reich zur Linken. Der auf Gott ausgerichtete Glaube möchte auf jeden

Fall das Evangelium davor bewahren, daß es im Sinne eines Tugendideals dem Menschen frei zur Verfügung steht.

Im Reich zur Rechten als dem Reich Christi steht alles im Zeichen des Glaubens und geschieht alles aus Glauben. Der Glaube ist die völlige Inbeziehungsetzung des Menschen zu Gott. Daß sich aus dem Verhältnis des Glaubenden zu Gott keine unmittelbaren Handlungsanweisungen, die immer gelten und absolut richtig sind, ableiten lassen, hat damit zu tun, daß der Glaube kein sittliches Verhalten im Sinne einer Leistung aufgrund einer göttlichen Forderung ist, denn er ist nicht ein Werk des Menschen, sondern immer eine Tat Gottes (Hebr 12,2; Phil 2,13). Und weil der Glaube nicht die vom Menschen selbst hervorgebrachte Entsprechung zum göttlichen Willen aufgrund von Geboten und Gesetzen ist, ist er ein Geschenk, das in die Freiheit führt, so daß es unmöglich ist, aus dem Glauben für das Handeln des Christen Prinzipien der Ethik zu gewinnen. Wie sehr die Freiheit als Freiheit des Glaubens von allen Gesetzen und Ordnungen entbindet und wie es zu verstehen ist, daß der Glaube nicht Urheber neuer gesetzlicher Anweisungen sein kann, zeigt das Lutherzitat, auf das ELERT in diesem Zusammenhang verweist: »Zwischen Gott und dir ist die Freiheit ganz rund und vollkommen« (ELERT, a.a.O., 32). Es ist die Freiheit wider alle Gesetzlichkeit, die leider in der Christenheit immer wieder auflebt und damit die Freiheit »aus Glauben in Glauben« verdrängt.

Im Reich Christi als dem Reich zur Rechten Gottes ist das Schema Gebot–Gehorsam als Grundmotiv des Gottesverhältnisses, wie es in allen gesetzlichen Religionen (Judentum und Islam) vorherrscht und auch als das gesellschaftliche Regulativ im Verhältnis von Mensch zu Mensch gilt, überwunden. Aber auch die Freiheit ist noch nicht die Quelle ethischer Anweisungen. Sie ist Offenheit für Gottes Wort und Weisung durch den Heiligen Geist. LUTHER begründet und verteidigt die Freiheit des Glaubens gegen alle gesetzlichen Vorstellungen und unevangelischen Ansprüche, die die Freiheit verderben, in seiner Obrigkeitsschrift mit den Worten:

> »Nun siehe, diese Leute bedürfen keins weltlichen Schwerts noch Rechts . . ., dieweil sie den Heiligen Geist

im Herzen haben, der sie lehret und macht, daß sie niemand Unrecht tun ... Also sind alle Christen durch den Geist und Glauben allerding genaturt (d. h. es ist ihre Natur), daß sie wohl und recht tun, mehr denn man sie mit allen Gesetzen lehren kann, und bedürfen für sich selbst keins Gesetzs noch Rechts« (BORCHERDT/MERZ, 5, 1952, 13f.).

Das ist das alles Entscheidende: Die Freiheit ist Offenheit des Glaubenden für Gott, der durch das Kommen des Heiligen Geistes in diese eintritt und sie ausfüllt. LUTHER war mit der Anwendung der evangelischen Freiheit aus Glauben konsequent. Im Reiche Christi ist Freiheit. Hier regiert der Heilige Geist, der in den Herzen der Glaubenden wohnt, und wo er ist, bedarf es keiner gesetzlichen Anweisung für den Menschen in seinem Verhältnis zu Gott und dem Nächsten. Die Freiheit lebt und bestimmt sich aus Liebe, die, so der Apostel Paulus, in unsere Herzen ausgegossen ist durch den Heiligen Geist (Röm 5,5). Wo Freiheit ist, kann es keine Prinzipien für das Handeln des Glaubens geben. Das ist es, was LUTHER hinderte, aus dem Freiheitsbegriff, wie er ihn bei Paulus entdeckt hatte, ein Ethos für das Reich Christi zu formulieren. Ein für das Reich Christi formuliertes Gebot wäre in jedem Falle ein Verzicht auf die Freiheit, weil an die Stelle der Weisung durch den Heiligen Geist wieder das Schema Gebot-Gehorsam träte. Der Glaubende bewährt aber seine evangelische Freiheit nicht dadurch, daß er einem Gesetz gehorcht, sondern darin, daß er die Befreiung vom Gesetz bejaht und sich für das Wirken des Heiligen Geistes im Wort und den daraus kommenden Weisungen offen hält. Für das Reich zur Rechten kann es auf Verlangen nach ethischen Weisungen keine andere Antwort geben.

Anders verhält es sich für den Christen im Reich zur Linken. Kann er für sein Leben und Handeln in diesem ebenso wie im Reich zur Rechten Weisung durch den Heiligen Geist aus dem Wort der Bibel empfangen? Haben die Bergpredigt und die paulinischen Paränesen (Ermahnungen und Weisungen des Apostels an die Empfänger seiner Briefe) auch im Reich der Welt dieselbe Geltung? Können sie christliche Prinzipien für weltliches Handeln sein? Gilt für das Reich der Welt auch das, was LUTHER im Blick auf den Glaubenden in seinem Verhältnis zu Gott sagt, daß seine Freiheit »ganz und rund und vollkommen« ist, so daß der Versuch, eine Ethik hervorzubringen, nicht nur unnötig, sondern sogar falsch wäre?

Keine der Fragen kann positiv beantwortet werden, denn im Reich der Welt ist keine Freiheit, sondern in ihm herrscht die Sünde, eine Verderbensmacht, die das Leben gefährdet und den Menschen versklavt. Gegen diese hat Gott zum Schutz des Lebens, das unter seiner Güte erhalten werden soll, Gesetze und Ordnungen gestellt. Und aus Liebe zum Nächsten, der nach Gottes Willen diesen Schutz haben soll, anerkennt sie der Christ als die von Gott gegebenen Ordnungsmächte, denen er sich freiwillig, Gottes Willen ehrend, unterordnet. Daß sie sein müssen zeigen LUTHERS Worte, denn »die Ungerechten tun nichts Rechts, darum bedürfen sie des Rechts, das sie lehre, zwinge und dringe wohlzutun« (BORCHERDT/MERZ, a.a.O., 13).

LUTHER zeigt damit, daß das Gesetz eine Erhaltungsordnung Gottes ist, »daß sie (die Sünder) äußerlich ihr Bosheit mit Werken nicht dürfen nach ihrem Mutwillen üben« (BORCHERDT/MERZ a.a.O., 14). Den Gedanken, auch für das Reich der Welt die Freiheit des Glaubens zu proklamieren und das Liebesgebot der Bergpredigt zu fordern, weist LUTHER ab:

> »Wenn nun jemand wollt die Welt nach dem Evangelio regieren und alles weltliche Recht und Schwert aufheben und vorgeben, sie wären alle getauft und Christen, unter welchen das Evangelium will kein Recht noch Schwert haben, auch nicht not ist: Lieber, rat, was würde derselbe machen? Er würde den wilden, bösen Tieren die Band und Ketten auflösen, daß sie jedermann zerrissen und zerbissen, und daneben vorgeben, es wären feine, zahme, kirre Tierlein. Ich würde es aber an meinen Wunden wohl fühlen. Also würden die Bösen unter dem christlichen Namen der evangelischen Freiheit mißbrauchen, ihre Büberei treiben und sagen, sie seien Christen und keinem Gesetz noch Schwert unterworfen, wie jetzt schon etlich toben und narren. Dem-

> selben müßte man sagen: Ja freilich ists wahr, daß Christen um ihrer selbst willen keinem Recht noch Schwert untertan sind, noch sein bedürfen; aber siehe zu und gib die Welt zuvor voll rechter Christen, ehe du sie christlich und evangelisch regierst. Das wirst du aber nimmermehr tun, denn die Welt und die Menge ist und bleibt Unchristen, ob sie gleich alle getauft und Christen heißen« (BORCHERDT/MERZ, a.a.O., 15).

Dieses Wort LUTHERS ist die Konsequenz seiner Zwei-Reiche-Lehre. Sie nötigt den Christen zu einem verschiedenen Handeln in den beiden Reichen. Ist er im Reiche Christi allein dem Worte Gottes, aus dem ihm durch die Mitteilung des Heiligen Geistes Weisung zukommt, unterstellt, so geht er im Reiche der Welt Ordnungen und Bindungen ein, die ihm für sein Leben in Staat und Gesellschaft auch die Richtung des Handelns angeben und sagen, was erlaubt und was unerlaubt ist. LUTHER, der zuvor von der Freiheit zwischen Gott und dem Christen geschrieben hat, schreibt darum in Weiterführung des Gedankens:

> »Zwischen dir aber und deinem nehesten oder deiner oberkeit ist sie (die Freiheit) nicht weiter, denn so fern sie deinem nehesten unschedlich ist. Ja wo sie nützlich und födderlich sein kan, sol sie nicht wollen frei sein sondern weichen und dienen.« Christliche Freiheit »ist das leben das Gott alleine antrifft . . . wenn man aber er nidder kompt unter die leute, da ist nu ein ander leben, Da gilts das man sich also hallte, wie sich die anderen hallten« (ELERT, II, 1965[3], 33).

Auf den ersten Blick hat diese Aussage den Anschein eines Gegensatzes zu dem, was seither von der Freiheit gesagt wurde, und es könnte der Vorwurf von der »doppelten Moral« berechtigt erscheinen. Bei näherem Zusehen aber wird offenbar, daß die Freiheit gerade darin ihre Vollkommenheit und Liebe bewährt, daß sie freiwillig Ordnungen um des Nächsten willen eingeht und sich den Gesetzen unterwirft, ohne diese selbst nötig zu haben. So stellt LUTHER in der Schrift »Von der

Freiheit eines Christenmenschen« (1520) neben den Satz: »Ein Christenmensch ist ein freier Herr über alle Dinge und niemand untertan« in widerständiger Rede den Satz: »Ein Christenmensch ist ein dienstbarer Knecht aller Dinge und jedermann untertan« (BORCHERDT/MERZ, 2, 1948, 269).

Diese beiden klassischen Sätze LUTHERS, die die ganze eschatologische Spannung anzeigen, in der alles christliche Handeln sich zu bestimmen und zu verantworten hat, machen das Problem evangelischer Ethik aus. Ist im Reich Christi ein Ethos nicht nötig, weil in ihm Gott durch den Heiligen Geist die Herzen regiert, so ist es für den Christen im Reich der Welt um so nötiger, weil in ihm eine Vielzahl von konkurrierenden Ethiken, die in idealistischen oder ideologischen Gesellschaftssystemen wurzeln, vorhanden sind. Können und dürfen deren Prinzipien Motive für das Handeln des Christen in der Welt sein? Kann er sich überhaupt innerhalb der geschichtlichen und sozialen Zusammenhänge der Gesellschaft und ihren Einflüssen entziehen? Wird er letztlich nicht doch – wollend oder nicht wollend –, weil er aus der Bibel keine direkten Handlungsweisungen bezieht, ihre Prinzipien anerkennen? Damit käme ohne Frage MELANCHTONS Consoziationsmotiv zum Zuge; aber die Beachtung von Gottes besonderer Weise seines Regiments in dieser Welt wäre dann verloren und die Einheit der beiden Reiche in Gott aufgegeben.

Wie löst LUTHER dann das ethische Problem, da er doch eine unmittelbare Übertragung des biblischen Wortes in die weltliche Handlungssituation nicht zulassen kann und will? Der Reformator weiß, daß Gott auch im Reich zur Linken Herr ist, in dem er mit dem Gesetz regiert. Mit dieser Erkenntnis macht er ernst und setzt darum das Handeln des Christen nicht in ein Verhältnis zu irgendeinem idealistischen oder ideologischen Gesellschaftssystem und seinen Prinzipien, sondern stellt es unter Gottes Gebot. Dieses, wie es in der Zusammenfassung der Zehn Gebote und der Auslegung durch die Propheten in der Bibel vorliegt, bindet das Handeln im Reich der Welt unter der Maßgabe von Recht und Ordnung an den Nächsten, der selbst – und nichts anderes – in die Motivbildung aufgenommen wird.

Wer aber deutet in konkreter Situation das göttliche Gebot, und wer gibt ihm in Beziehung auf den Nächsten die rechte

Bestimmung? Es mag überraschen, daß LUTHER hier auf die Vernunft verweist. Sie soll in Staat und Gesellschaft unter der Regel von Recht und Ordnung in Anwendung auf den Nächsten das Handeln des Menschen regieren. Für LUTHER ist die Vernunft an dieser Stelle ungefährlich, denn auch sie weiß er als Gabe Gottes, deren er sich in allen Dingen und zu allen Zeiten bedient.

Bei allem Vorbehalt, den LUTHER gegen die Regentschaft der Vernunft im Reich zur Rechten hat, schätzt er sie zum Dienst im Reich zur Linken hoch ein. Er kann von ihr sagen: »Das ist freilich wahr, daß die Vernunft eine Wirklichkeit und das Haupt aller Dinge ist, und daß sie – gemessen an den übrigen Dingen des Lebens – das Allerbeste, ja etwas Göttliches sei« (ALAND, 1983[4], 361). Weil dem so ist, ist die Vernunft für das Handeln des Christen in der Welt und seine ethischen Bestimmungen unentbehrlich und immer besser als irgendeine Ideologie mit einem reduktionistischen Menschenbild und einer pseudowissenschaftlichen Gesellschaftslehre. Welchen Raum LUTHER der Vernunft als Dienerin zu konkreten Handlungsweisungen im Reich zur Linken einräumt, sehen wir an folgenden Sätzen: »In zeitlichen Dingen und in denen, die den Menschen angehen, ist der Mensch vernünftig genug; da bedarf es keines anderen Lichtes als der Vernunft. Darum lehret auch Gott in der Schrift nicht, wie man Häuser bauen, Kleider machen, heiraten, Kriege führen oder dergleichen tun soll, daß sie geschehen; denn da ist das natürliche Licht genug dazu« (ALAND, a.a.O.).

LUTHERS Interesse, durch die ans Gebot gebundene Vernunft für das Handeln zu Weisungen zu kommen, ist groß. Für ihn gibt es keine unabänderlichen Gesellschaftslehren, die allezeit das ethische Handeln des Christen bestimmen könnten und dürften. Auch das Naturrechtsideal, wie es MELANCHTHON aufgenommen hat, ist ihm fremd. Gegen alle diese Ansprüche wendet er sich. Die durch den Glauben gewonnene Freiheit vor Gott und der Dienst aus Liebe zum Nächsten sollen trotz der eingegangenen Bindungen nicht in der Enge von Systembildungen verderben. LUTHER muß darum für den Christen und sein Handeln in der Welt sowohl die Freiheit als auch die Liebe gegen alle fremden Ansprüche verteidigen. Alle mit noch so großem Pathos vorgetragenen Gesellschaftslehren zur Bestimmung des Handelns wären für den Christen immer nur eine Unterbietung dessen, was er besser aus einer an Gottes Gebot gebundenen Vernunft hervorbringen soll und kann. In diesem Zusammenhang darf an das Wort LUTHERS erinnert werden: »Ist Christus unser, so können wir leicht Gesetze aufstellen und alles recht richten, ja, selbst neue Dekaloge werden wir dann machen, wie dies Paulus tut durch alle Briefe und Petrus, vor allem aber Christus im Evangelium. Und diese Dekaloge sind klarer als der des Moses, gleich wie Christi Angesicht klarer ist als das des Mose« (PETERS, 1981, 53).

Können wir der Vernunft wirklich vertrauen? Sind nicht zu oft schon in der Geschichte im Namen der Vernunft die schrecklichsten Untaten verübt worden? Reicht die Sicherung einer an Gottes Gebot gebundenen Vernunft? Diese und andere Fragen machen noch einige Ausführungen über die Vernunft und das Vernunftverständnis in der evangelischen Theologie nötig.

Nach allem, was wir von LUTHER über die Vernunft gehört haben, muß diese als unverzichtbar zum Ermitteln von ethischen Weisungen bezeichnet werden. Und doch wäre es ein Verhängnis, wollten wir auf die Vernunft »an sich« das Ethos gründen. Niemals kann der Vernunft eine eigenständige Größe zugesprochen werden, aus der sie von allen widrigen Lebensumständen unangefochten stets ein richtiges Handeln hervorbringen könnte. Die Vernunft ist immer die Vernunft des sündigen Menschen und nicht eine Vernunft »an sich«, denn sie blieb vom Sündenfall nicht unberührt. Sie ist keine außerhalb des Menschen stehende Größe, die als unverletzte Normengeberin von Fall zu Fall von außen herantritt und das Handeln bestimmt. Mit gutem Recht hat die reformatorische Ethik der Vernunft jeglichen normativen Charakter aberkannt. Die Vernunft ist des Menschen Vernunft und hat als solche am Stehen und Fallen des Menschen ganz teil. Diese Aussage bestätigt sich in den folgenden Ausführungen THIELICKES: »Ist die Existenz (des Menschen) in Ordnung, funktioniert auch der Dienst der Vernunft. Ist die Existenz *nicht* in Ordnung, so wird die Vernunft zur Hure« (THIELICKE, I, 1965^3, 239). Dieses Wort ist verständlich, wenn man bedenkt, daß die Vernunft keine eigenständige Größe ist, sondern jenes geistige Vermögen, mit dem sich der Mensch bald hierhin und bald dorthin wenden kann. Wie sich die Vernunft Gott zuwenden und von dorther erleuchten lassen kann, so kann sie sich auch falschen Lichtern zuwenden und deren Schein in sich aufnehmen und widerspiegeln. Mit anderen Worten heißt das: Die Vernunft ist eine instrumentale Größe, die auf die von außen kommenden Einflüsse angewiesen ist und reagiert und darum auf recht unterschiedliche Weise gebraucht werden kann. Wer ihr Licht gibt, ist ihr Herr.

Wie ist bei einer solchen Auffassung der Vernunft LUTHERS Vertrauen zur Vernunft als einem Licht, in dessen Klarheit Weisung zu gewinnen ist, zu verstehen? Wir haben bereits gesehen, daß LUTHER der Vernunft keinen Blankoscheck ausstellt. Er weiß um die Möglichkeiten ihrer Verführung. Seine Vernunftsaussage heiß darum nicht: Gründe dein Handeln auf die Vernunft »an sich«, sondern: Handle vernünftig! Und vernünftig handeln heißt für den Christen nichts anderes, als daß er in der konkreten Situation die für das Handeln verantwortliche Vernunft in Beziehung setzt zum göttlichen Gebot und unter seiner Aussage die Situation nachdenkend betrachtet, nüchtern abwägt und dann verantwortlich entscheidet. So kann kraft der unter dem Gebot nachdenkenden Vernunft vom Christen vernünftig gehandelt werden. Denn die Vernunft bedarf für das Handeln im Reich der Welt nicht der Offenbarung, sondern sie bedient sich des Gebotes, das Gott ihr gegeben hat und an dem sie sich orientiert. Wo dieses geschieht, wird sich das Handeln des Christen deutlich von jenem Handeln unterscheiden, das sich ideologisch bestimmt hat. So ist allein *die an Gottes Gebot gebundene Vernunft* die von LUTHER gemeinte Instanz, von der das weltliche Handeln des Christen in den natürlichen Dingen seine Weisung beziehen soll.

Das hat Konsequenzen. Denn wo ein Gebot ist, geht es um das Gehorchen. Hier ist das Schema Gebot-Gehorsam voll gültig, weil das Gebot Gottes Gebot für das Reich zur Linken ist und nicht Ergebnis einer autonomen Selbsterkenntnis aufgrund einer idealistisch oder ideologisch motivierten Analyse der sittlichen Wirklichkeit oder Notwendigkeit. Wird aber die geschichtliche Existenz des Menschen als eine Entwicklung auf ein utopistisches Ideal hin betrachtet, zu dessen Gelingen eine ideologisch befangene Vernunft beizutragen hat, wird das von Gott gesetzte Schema Gebot-Gehorsam außer Kraft gesetzt. Dann ist ein »vernünftiges« Handeln nicht mehr nötig und nicht mehr möglich, und Gottes Zorn im Gericht ist die Antwort auf das selbstmächtige Treiben des Menschen.

In der Geschichte sind viele negative Beispiele hierzu zu finden. Drei grundlegende Fehler lassen sich in der Regel aufzeigen, die jeweils in einer falsch verstandenen oder nicht begriffenen Zwei-Reiche-Lehre ihre Ursache haben:

1. Es wirkt sich verhängnisvoll aus, wenn eine Scheidung der beiden Reiche vorgenommen und das Reich zur Linken unter Ausschluß von Gott und unter Absehung von seinem Gebot dem emanzipativen Drang eines utopistischen Ideals unterstellt wird, so daß die Vernunft weder Gottes Gebot noch den Nächsten als Beweggründe in ihre Motivbildung aufnimmt, sondern zu einem ideologischen Prinzip in Beziehung gesetzt wird, dessen Zielen sie zu dienen hat.
2. Verhängnisvoll ist es auch, wenn die heilsgeschichtlichen Stufen übersprungen werden und in einer religiös-politischen Schwärmerei schon für diese Weltzeit die vollkommene Gestalt des Reiches Gottes vorweggenommen werden soll.
3. Gleichermaßen folgenschwer ist es, wenn unter einer radikalisierten Anwendung der Bergpredigt schwärmerisch jedes Gebot aufgehoben wird, weil nur noch die Liebe gilt, und somit jede Ethik unnötig wird, weil die Spannung der beiden Reiche als bereits überwunden gilt.

Bleiben diese Fehlhaltungen unerkannt, kommt es zu unverantwortlichen Kurzschlußhandlungen auf reduktionistische Utopien hin. Wir haben uns darum vor einem falschen Verständnis der Zwei-Reiche-Lehre LUTHERS zu hüten. Denn gerade das Wissen um die eschatologische Spannung der beiden Reiche verbietet es, das Reich zur Linken mit dem Evangelium anstatt mit dem Gesetz regieren zu wollen. Die ethischen Grundlinien für unser Handeln in dieser Weltzeit sind klar: Im Reich zur Rechten ist Freiheit, und das Evangelium regiert in Liebe und Sündenvergebung; und im Reich zur Linken regiert das Gesetz, das der Glaubende als Gottes guten Willen anerkennt und, zum Nächsten in Beziehung gesetzt, kraft seiner Vernunft deutet. Damit ist sowohl der idealistisch-ideologische als auch der religiöse Irrweg der Schwärmerei abgewiesen, die Dienstbarkeit des Christen unter Gottes Gebot gewährleistet und Gottes Herrschaft auch im Reich zur Linken sichergestellt. So sei in diesem Zusammenhang noch einmal das Wort LUTHERS: »Ein Christenmensch ist ein freier Herr über alle Dinge und niemand untertan. Ein Christenmensch ist ein dienstbarer Knecht aller Dinge und jedermann untertan« herangezogen, das aufs trefflichste die ethischen Konsequenzen der Zwei-Reiche-Lehre LUTHERS aufzeigt.

5. Die Bedeutung der Zwei-Reiche-Lehre LUTHERS heute

Kann der Christ seine Mitverantwortung für Staat und Gesellschaft heute noch nach dem Muster der unsystematischen Zwei-Reiche-Lehre LUTHERS wahrnehmen? Wird nicht die Zwei-Reiche-Lehre LUTHERS einfach von einer Vielfalt pragmatischer Gesellschaftsentwürfe überrollt und für die moderne Gesellschaft als untauglich ausgeschieden? Sind wir denn noch eine sogenannte christliche Gesellschaft, die bereit ist, aus einer an Gottes Gebot gebundenen Vernunft Weisung für ihr tägliches Handeln in den natürlichen Dingen zu beziehen?

Wenn wir auch zugeben müssen, daß längst andere Systeme und Ideologien bestimmend in die Geschichte getreten sind und das Handeln gestalten, dürfen wir uns dennoch nicht zurückziehen und die uns in die Geschichte mitgegebene Botschaft, daß Gott auch der Herr des Reiches der Welt ist, verleugnen. Wir erfüllen aber unsere Aufgabe nicht so, daß wir den Systemen ein christliches System, den Utopien eine christliche Utopie und den Prinzipien ein christliches Prinzip entgegenstellen. An LUTHER können wir lernen, daß die Kirche auf die Nöte und Probleme in Staat und Gesellschaft nicht mit christlichen Systembildungen zu antworten hat, denn auch LUTHER selbst hat keine Systeme hervorgebracht. Er hat gepredigt und Briefe und Aufsätze geschrieben, um die Gewissen der politisch Handelnden zu schärfen.

So können wir vom Reformator und der von ihm entwikkelten unideologischen Zwei-Reiche-Lehre lernen. Es gilt für uns, die zeitlose, auf Gesetz und Evangelium zurückgeführte Gestalt dieses Lehrstücks zu bewahren und es in den für unser Handeln ausgespannten Motivationshorizont, der bis in die Zeit der Bibel zurückreicht, aufzunehmen. Der Kern der lutherischen Aussage ist die Botschaft von der Freiheit vor Gott für den Nächsten. Das gibt dem Christen gerade auch für sein Leben und Handeln in der Welt Freiheit von Systemen und gleichzeitig die Bereitschaft, innerhalb der Ordnungen, soweit sie der Würde und der Unverletzbarkeit des menschlichen Wesens nicht widersprechen, in Liebe um des Nächsten willen da zu sein.

Eine solche Bereitschaft erschließt ethisch viele Möglichkeiten. In Ableitung eines Wortes von LUTHER schreibt ELERT:

> »Der H. Geist aber ›macht freiwillige Menschen‹ ... Diese adlige, fürstliche Freiwilligkeit ist ... das Kennzeichen der echten Liebe ... sie ist ihrem Wesen nach Freiheit des Menschen von sich selbst und also auch von der gesetzlichen Motivierung. Sie denkt an Gott. Aber sie ist niemals nur Gedanke, sondern will ... handeln und helfen ... Alle Werke, die aus Liebe zu Gott geschehen, kommen ... dem zugute, der Gottes Liebe ebenso erfahren soll wie wir selbst, unserm Nächsten. In der Liebe des Glaubenden realisiert sich ... die Bereitschaft oder die Freiheit ... als Entbindung (des Menschen von sich selbst) und als Geburt des ›neuen Menschen‹, der für den andern ist und handelt« (ELERT, II, 1965[3], 35).

Diese Freiheit ist aber verloren, wenn wir uns wie MELANCHTHON vom Ideal einer vollkommenen Gesellschaft leiten lassen. Denn zum System erhobene Gesellschaftsideale bringen es mit sich, den Menschen unter dem Anspruch des Allgemeinwohls sich zu unterwerfen. Solcher Anspruch absolut gesetzt ist als Anmaßung zurückzuweisen. Das heißt aber nicht, daß die Zwei-Reiche-Lehre in der Ablehnung angemaßter Systeme den puren Individualismus predigen und der Willkür im Reich zur Linken das Wort reden würde. Wir haben bei LUTHER gelernt, daß es einen Individualismus nicht dem Staate, sondern nur Gott gegenüber geben kann. In der Hinwendung zum Nächsten im Reich der Welt werden die Gesetze anerkannt, und die Liebe ordnet sich den bewahrenden Ordnungen des Staates, die von LUTHER als »Schöpfungsordnungen« anerkannt wurden, unter – dies freilich nicht in bedingungsloser Unterwerfung, denn der Glaubende erhält sich die Freiheit von ihnen, indem er sich von der Eigengesetzmäßigkeit der zu Systemen gewordenen Ordnungen in der Gesellschaft nicht mitreißen läßt. Denn wenn die Systeme den Menschen verachten, wird die Freiheit des Christen zu jener Freiheit, die unter Umständen einer pervertierten Weltbemächtigung durch den Staat widersteht.

Gerade in solchen Augenblicken der Geschichte, in denen Staat und Gesellschaft mit totalem Anspruch an den Menschen zur Ersatz- und Pseudokirche zu werden drohen, bewährt sich die Zwei-Reiche-Lehre LUTHERS. Hatte sie sich zu LUTHERS Zeit gegen den theokratischen Kurzschluß von Staat und Kirche gewandt, wendet sie sich, wenn nötig, gegen pseudoreligiöse Ansprüche eines Weltanschauungsstaates, für den die eigene, ideologisch bestimmte Politik das Maß aller Dinge ist. Daß solches auch heute eine verborgene mögliche Gefahr ist, zeigen die Worte RENDTORFFS: »Denn die politische Weltbemächtigung hat im Prozeß der neuzeitlichen Geschichte die Stelle der totalen Verfügung über die Wirklichkeit übernommen, die einst von der mittelalterlichen Kirche reklamiert wurde« (RENDTORFF, II, 1981, 62).

Bedenken wir das alles recht, wird offenbar, daß sich die Zwei-Reiche-Lehre LUTHERS im Ringen um die rechte Weltstellung der Kirche und des politisch handelnden Christen noch heute bewährt. Sie ist ein Ruf zur Freiheit gegen politische Weltbemächtigung auch in der neueren Geschichte, in der es unter dem Anspruch von Ideolgien und Parteien um die totale Verfügung der Wirklichkeit im allgemeinen und des menschlichen Daseins im besonderen geht. Und wer noch ohne Scheuklappen zu sehen vermag, wird erkennen, daß alle sich noch so fortschrittlich gebenden Gesellschaftslehren und politische Handlungsanweisungen letztlich konservativer und in der Geschichte unfruchtbarer sind als die veraltet anmutende Lehre LUTHERS von den beiden Reichen, die ihre Wurzel in der Unterscheidung von Gesetz und Evangelium und damit im Worte Gottes hat.

6. Zusammenfassung in Thesen

1. Der Christ ist – wie jeder andere – als politisches und soziales Wesen in die Ordnungen des jeweils vorfindlichen Staatsgefüges gestellt. Auch er muß für sein politisches Handeln in Staat und Gesellschaft ein Ethos finden, mit und unter dem er seine Mitverantwortung um Gottes und des Nächsten willen wahrnimmt.

2. Die besondere Weltstellung des Christen, die von der eschatologischen Spannung des »Schon« (schon Gerechtgesprochener) und des »Noch nicht« (noch nicht Gerechtgemachter) gekennzeichnet ist, läßt es ihm nicht zu, sich in seinem Handeln in allen Dingen den »Kindern der Welt« gleichzustellen. Die Entchristlichung der säkularen Weltwirklichkeit zwingt ihn, aus der Rückbesinnung auf die Schrift und die eigenen Traditionen, die es in verwandelnder Aneignung aufzunehmen gilt, sein Ethos zu gewinnen.

3. Eine der unverzichtbaren Traditionen ist die Zwei-Reiche-Lehre Martin LUTHERS. Der Reformator hat diese im Zusammenhang mit der Rechtfertigungslehre als die Lehre von der rechten Unterscheidung von Gesetz und Evangelium entwickelt.

   In der Zwei-Reiche-Lehre geht es LUTHER um die Erkenntnis der zwei Regimentsweisen Gottes. Im Reich zur Rechten regiert Gott mit dem Evangelium, durch das die Gnade angeboten und die Sünde vergeben wird. Es ist das Reich der Freiheit, in dem Gott den Menschen durch den Heiligen Geist leitet.

Im Reich zur Linken regiert Gott mit dem Gesetz. Hier geht es nach der Weise von Recht und Ordnung, die das Böse nicht überwinden können, aber niederhalten sollen.

Beide Reiche haben in Gott ihre Einheit. Gott ist der Herr beider Reiche. Deren Unterscheidung in zwei Regimentsweisen Gottes bedeutet nicht deren Scheidung. Sie stehen in einer endzeitlichen Spannung zueinander, die weder durch einen politischen Messianismus in weltrevolutionärer Gestalt noch durch eine schwärmerische Vorwegnahme des Reiches Gottes aufgelöst werden darf.

4. Das Reich Christi ist ein Reich der Freiheit, in dem für das Handeln des Christen weder ethische Prinzipien noch ein aus ihnen abgeleiteter Normenkatalog nötig sind. Gott regiert in diesem Reich das Handeln der Seinen durch die Einwohnung des Heiligen Geistes in ihren Herzen. Hier ist das Schema Gebot-Gehorsam aufgehoben, denn der Glaubende handelt in der Bereitschaft vor Gott für seinen Nächsten aus Liebe.

5. Im Reich zur Linken, in dem das Gesetz regiert, das die eschatologische Spannung verursacht, entsteht für den Christen die Nötigung, zu einem eigenen Ethos unter dem vom göttlichen Willen bedingten Schema Gebot-Gehorsam zu kommen.

Da das Evangelium keine direkte Anweisung für das politische Handeln in Staat und Gesellschaft gibt, unterstellt LUTHER das Handeln im Reich zur Linken der Vernunft. Er hat dabei nicht die Autonomie der sittlichen Vernunft naturrechtlicher (MELANCHTHON) oder idealistischer (KANT) Systeme gemeint, sondern die Vernunft, die zum Gebote Gottes in Beziehung gesetzt ist.

Unter der an Gottes Gebot gebundenen Vernunft bewahrt sich der Christ für sein Handeln in der Welt die

Freiheit von ideologischen Systemen und deren Drang zu revolutionärer Weltbemächtigung.

Das im Reich zur Linken notwendige Ethos findet der Christ nicht darin, daß er sein Handeln ideologisch fixierten Prinzipien unterstellt, sondern so, daß er den von Gott geliebten Nächsten in der Zuordnung zum göttlichen Gebot in seine Motivbildung aufnimmt. Denn das Handeln des Christen steht im Reich zur Linken unter einem anderen Gesetz als im Reich zur Rechten.

LUTHER hat damit keineswegs die ihm vorgeworfene »doppelte Moral« etabliert. Die für die beiden Reiche verschiedenen Anweisungen sind Ausdruck der eschatologischen Spannung, die das Handeln des Christen bestimmt und LUTHER in der widerständigen Formulierung in seiner Schrift »Von der Freiheit eines Christenmenschen« mit folgenden Worten zum Ausdruck bringt: »Ein Christenmensch ist ein freier Herr über alle Dinge und niemand untertan. Ein Christenmensch ist ein dienstbarer Knecht aller Dinge und jedermann untertan.«

6. Die Zwei-Reiche-Lehre LUTHERS bewährt sich im Ringen um die rechte Weltstellung und um das richtige Handeln des Christen als ein Ruf zur Freiheit gegen eine ideologisch fixierte Weltbemächtigung, in der es unter dem Anspruch von utopischen Gesellschaftslehren um die totale Verfügung der Wirklichkeit im allgemeinen und des menschlichen Daseins im besonderen geht.

Alle sich noch so progressiv gebärdenden Gesellschaftslehren und politischen Handlungsanweisungen erweisen sich in der Geschichte letztlich als konservativer als die Lehre LUTHERS von den beiden Reichen.

Lehren, die unter Inanspruchnahme der Bergpredigt das Reich Gottes für diese Weltzeit vorwegnehmen und namens der Gottesliebe Recht und Ordnung im Sinne einer revolutionären Weltveränderungsstrategie beugen wollen, sind als utopistische Schwärmerei abzulehnen.

Literaturangaben

ALAND, K. (Hg.), Luther Deutsch. Die Werke Martin Luthers in neuer Auswahl für die Gegenwart, Erg.-Band: Lutherlexikon, Göttingen 1983[4].

BARTH, K., Rechtfertigung und Recht/Christengemeinde und Bürgergemeinde, Zürich 1970[2].

BORCHERDT, H. H./MERZ, G. (Hg.), Martin Luther. Ausgewählte Werke, 6 Bde., München 1948 ff.

EBELING, G., Luther. Einführung in sein Denken, Tübingen 1981[4].

ELERT, W., Morphologie des Luthertums, 2 Bde., München 1965[3].

GEHRKE, H., Theologie im Gesamtraum des Wirklichen, München 1981.

HEUSSI, K., Kompendium der Kirchengeschichte, Tübingen 1976[14].

PETERS, A., Gesetz und Evangelium, Gütersloh 1981.

RENDTORFF, T., Ethik, 2 Bde., Stuttgart 1980/81.

STEFFAHN, H., Die Deutschen. IV: Die Einheit zerbricht. Der Investiturstreit, in: Damals. Zeitschrift für geschichtliches Wissen, Jg. 13/1981, S. 573–586.

THIELICKE, H., Theologische Ethik, 2 Bde., Tübingen 1965[3] (Bd. 1)/1966[2] (Bd. 2).

Weiterführende Literatur

Zum Thema:
THEOLOGIE – HEILSNOTWENDIG?

Bockmühl, K. — Der Dienst der Theologie, Gießen/Basel 1976 (Theologie und Dienst – Flugblatt 1); Neuabdruck in: Ders., Theologie und Lebensführung. Gesammelte Aufsätze II, Gießen/Basel 1982, S. 5–11

Vicedom, G. F. — Theologie und Glaube, Neuendettelsau 1968

Zum Thema:
DAS VERSTÄNDNIS DER WUNDER JESU CHRISTI

Betz, O./Grimm, W. — Wesen und Wirklichkeit der Wunder Jesu. Heilungen – Rettungen – Zeichen – Aufleuchtungen, Frankfurt a. M. 1977

Böhm, H. — Des Glaubens liebstes Kind? Der heutige Mensch vor der neutestamentlichen Wunderfrage, Moers 1981

Heim, K. — Zur Frage der Wunderheilungen, in: A. Köberle, Karl Heim. Denker und Verkündiger aus evangelischem Glauben, Hamburg 1973, S. 207–223

Zum Thema:
GRUNDLINIEN EINES BIBLISCHEN SCHRIFTVERSTÄNDNISSES

Gese, H. — Das biblische Schriftverständnis, in: Ders., Zur biblischen Theologie. Alttestamentliche Vorträge, München 1977, S. 9–30

Hempelmann, H. — Grundfragen der Schriftauslegung. Ein Arbeitsbuch, Wuppertal 1983

Kähler, M. — Aufsätze zur Bibelfrage (Hg. von E. Kähler), München 1967

Maier, G. — Das Ende der historisch-kritischen Methode, Wuppertal 1975[2]

ders. — Wie legen wir die Schrift aus?, Gießen/Basel F1978 (Theologie und Dienst, Heft 14)

ders. — Heiliger Geist und Schriftauslegung, Wuppertal 1983 (Theologie und Dienst, Heft 34)

MICHEL, K.-H. Die Bibel im Spannungsfeld der Wissenschaften, in: Theologische Beiträge 10/1979, S. 199–219 (zu beziehen: Theologischer Verlag R. Brockhaus, Postfach 11 01 52, 5600 Wuppertal 11)

SCHLATTER, A. Die Schrift, in: Ders., Das christliche Dogma, Stuttgart 1977[3], S. 364–380

STUHLMACHER, P. Schriftauslegung auf dem Weg zur biblischen Theologie, Göttingen 1975

ders. Vom Verstehen des Neuen Testaments. Eine Hermeneutik, Göttingen 1979

Zum Thema:

PSYCHOLOGIE – KONKURRENT, KONTRAHENT ODER HILFSWISSENSCHAFT EINER BIBLISCH ORIENTIERTEN SEELSORGE?

GASSMANN, L. Gruppendynamik. Hintergründe und Beurteilung, Neuhausen-Stuttgart 1984

RÖSSLER, D. Seelsorge und Psychotherapie, in: F. WINTZER/M. JOSUTTIS/D. RÖSSLER/W. STECK, Praktische Theologie, Neukirchen-Vluyn 1982, § 11, S. 116–127

STOLL, C.-D. Der Auftrag der christlichen Seelsorge, in: Seelsorge. Mitteilungen Nr. 38 (Januar 1980), hg. vom Verein Albrecht-Bengel-Haus e.V., Tübingen (Anschrift: Ludwig-Krapf-Str. 5, 7400 Tübingen)

Zu den Themen:

EHE OHNE TRAUSCHEIN

DAS MANDAT DER EHE BEI DIETRICH BONHOEFFER

DIE FRAU IN DER WEISHEIT

BAYER, O. Die Ehe zwischen Evangelium und Gesetz, in: Zeitschrift für evangelische Ethik (ZEE), Jg. 25, 1981, S. 164–180

TLACH, W. Das Evangelium der Anarcho-Marxisten und das Evangelium von Jesus Christus, Mitteilungen Nr. 31 (April 1978), hg. vom Verein Albrecht-Bengel-Haus e.V., Tübingen (Anschrift: Ludwig-Krapf-Str. 5, 7400 Tübingen). Auch erhältlich als Sonderdruck aus dem Informationsbrief Nr. 66 der Bekenntnisbewe-

gung »Kein anderes Evangelium« (Anschrift: Worthstr. 49, 5880 Lüdenscheid).
WILHELM, Th. Jenseits der Emanzipation, Stuttgart 1975

Zum Thema:
DIE ZWEI-REICHE-LEHRE LUTHERS UND DIE ETHISCHEN KONSEQUENZEN

BROWN, H. Evangelium und Gewalt. Zur Kritik der gegenwärtigen Gesellschaftsstrukturen, Gießen 1971
DUCHROW, U. Christenheit und Weltverantwortung, Stuttgart 1983[2]
SCHREY, H.-H. Reich Gottes und Welt. Die Lehre Luthers von den zwei Reichen, Darmstadt 1969

Fremdwörterverzeichnis

Zur Erstellung dieses Fremdwörterverzeichnisses wurde »Duden Band 5, Fremdwörterbuch« (Mannheim/Wien/Zürich 1974[3]) verwendet.

Affekt	a) heftige Erregung, Zustand einer außergewöhnlichen seelischen Angespanntheit; b) (nur Plural) Leidenschaften
Anamnese	Vorgeschichte einer Krankheit nach Angaben des Kranken
Anthropologie	Wissenschaft vom Menschen und seiner Entwicklung in natur- und geisteswissenschaftlicher Hinsicht
Antipode	Mensch, der auf einem entgegengesetzten (geistigen) Standpunkt steht
antithetisch	gegensätzlich
Apokalyptik	1. Deutung von Ereignissen im Hinblick auf ein nahes Ende. 2. Schrifttum über das Weltende
Ätiologie	1. Lehre von den Krankheitsursachen. 2. Gesamtheit der Faktoren, die zu einer bestehenden Krankheit geführt haben
Assoziation	Verknüpfung von Vorstellungen
Audimax	Abk. von Auditorium maximum (größter Hörsaal einer Universität)
autonom	selbständig, unabhängig
defizient	unvollständig
Diagnose	1. das Erkennen, Feststellen einer Krankheit (Med.). 2. das Feststellen und Klassifizieren von Verhaltensmerkmalen u. -störungen auf Grund von ermittelten Symptomen (Psychol.)
Diagramm	zeichnerische Darstellung von Größenverhältnissen in anschaulicher, leicht überblickbarer Form
Differenzierung	Unterscheidung, Sonderung, Abstufung, Abweichung, Aufgliederung

divergieren	1. auseinandergehen, -streben. 2. von der Normallage abweichen
domestizieren	1. Haustiere u. Kulturpflanzen aus Wildformen züchten. 2. zähmen, heimisch machen
Emanzipation	Befreiung aus einem Zustand der Abhängigkeit; Verselbständigung
empirisch	aus der Erfahrung, dem Experiment entnommen
Entmythologisierung	1. Versuch, die christliche Botschaft von alten Mythen zu befreien u. modernem Verständnis zu erschließen (nach R. Bultmann). 2. Denkprozeß, der auf die Beseitigung mythischer od. irrationaler Implikationen in Wörtern, Begriffen und Aussagen abzielt
Eschatologie	Lehre von den letzten Dingen, d. h. vom Endschicksal des einzelnen Menschen und der Welt
Ethik	Normen und Maximen der Lebensführung; Lehre vom sittlichen Wollen und Handeln des Menschen
existential	das (menschliche) Dasein hinsichtlich seines Seinscharakters betreffend
existentiell	auf das unmittelbare und wesenhafte Dasein bezogen, daseinsmäßig
Exponent	herausgehobener Vertreter einer Richtung, einer Partei usw.
Falsifikation	Widerlegung einer wissenschaftlichen Aussage durch ein Gegenbeispiel
Faktizität	Tatsächlichkeit, Gegebenheit, feststellbare Wirklichkeit
Häretiker	1. jmd., der von der offiziellen Lehre abweicht. 2. Ketzer
Hypostase	Vergegenständlichung eines bloß in Gedanken existierenden Begriffs
hypostasieren	verdinglichen, vergegenständlichen, personifizieren
Hypothese	zunächst unbewiesene Annahme bzw. Voraussetzung
Hysterie	auf psychotischer Grundlage beruhende od.

	aus starken Gemütserregungen entstehende, abnorme seelische Verhaltensweise mit vielfachen Symptomen ohne genau umschriebenes Krankheitsbild
Idealismus	1. philosophische Anschauung, die die Welt und das Sein als Idee, Geist, Vernunft, Bewußtsein bestimmt und die Materie als deren Erscheinungsform versteht. 2. Streben nach Verwirklichung von Idealen; durch Ideale bestimmte Weltanschauung
Immanenz	Beschränkung auf das innerweltliche Sein
individualisieren	das Besondere, Einzelne, Eigentümliche (einer Person, eines Falles) hervorheben
intuitiv	durch Anschauung erkennend; auf Intuition beruhend
Intuition	a) das Erkennen des Wesens eines Gegenstandes od. eines komplizierten Vorgangs in einem Akt ohne Reflexion; b) Eingebung, ahnendes Erfassen
intellektuell	geistig, begrifflich
Intensität	Heftigkeit, Stärke, Kraft; Wirksamkeit, Eindringlichkeit
Interdependenz	gegenseitige Abhängigkeit
irrational	a) mit der Ratio, dem Verstand nicht faßbar, dem logischen Denken nicht zugänglich; b) vernunftwidrig
Klerikalismus	das Bestreben der (katholischen) Kirche, ihren Einflußbereich auf Staat u. Gesellschaft auszudehnen
Kognition	Kenntnis, Erkenntnis
kognitiv	die Erkenntnis betreffend, erkenntnismäßig
Komplex	1. Zusammenfassung, Verknüpfung von verschiedenen Teilen zu einem geschlossenen Ganzen. 2. Gebiet, Bereich. 3. Gruppe, (Gebäude)block. 4. stark affektbesetzte Vorstellungsgruppe, die nach Verdrängung aus dem Bewußtsein vielfach Zwangshandlungen, -vorstellungen oder einfache Fehlleistungen auslöst
Konsens	a) Zustimmung, Einwilligung; b) sinngemäße

	Übereinstimmung von Wille und Willenserklärung zweier Vertragspartner
Konstanz	Unveränderlichkeit, Stetigkeit, Beharrlichkeit
Konstellation	das Zusammentreffen bestimmter Umstände u. die daraus resultierende Lage, Gruppierung
konstitutiv	zur Feststellung dienend, bestimmend, grundlegend; das Wesen einer Sache ausmachend
korrumpieren	a) jmdn. bestechen; b) jmdn. moralisch verderben
legitimieren	a) beglaubigen; b) für gesetzmäßig erklären
Logik	1. Lehre, Wissenschaft von der Struktur, den Formen u. Gesetzen des Denkens; Lehre vom folgerichtigen Denken, vom richtigen Schließen auf Grund gegebener Aussagen (Philos.). 2. a) Fähigkeit, folgerichtig zu denken; b) Zwangsläufigkeit; zwingende, notwendige Folgerung
Maxime	Hauptgrundsatz, Leitsatz, subjektiver Vorsatz für das eigene sittliche Handeln; Lebensregel
Mentalität	a) Denk-, Anschauungs-, Auffassungsweise; b) Sinnes-, Geistesart
Medium	Mittel, Mittelglied; Mittler, vermittelndes Element
Metaphysik	philosophische Lehre von den letzten Gründen und Zusammenhängen des Seins
Modifikation	1. Abwandlung, Veränderung, Einschränkung. 2. das Abgewandelte, Veränderte, die durch äußere Faktoren bedingte . . . Änderung
Monismus	Einheitslehre, nach der die Wirklichkeit einheitlich u. von einer Grundbeschaffenheit ist
Motorik	1. a) Gesamtheit der willkürlichen aktiven Muskelbewegungen; b) die Bewegungen eines Menschen als Ausdruck der Persönlichkeit. 2. gleichmäßige, motorartige Rhythmik. 3. die Gesamtheit von (gleichförmigen, regelmäßigen) Bewegungsabläufen
Mystik	besondere Form der Religiosität, bei der der Mensch durch Hingabe u. Versenkung zu persönlicher Vereinigung mit Gott zu gelangen sucht

Mystizismus	1. Wunderglaube; (Glaubens)schwärmerei. 2. schwärmerischer Gedanke
neutralisieren	unwirksam machen, eine Wirkung, einen Einfluß aufheben, ausschalten
normativ	als Richtschnur geltend; Normen setzend
Ontologie	Lehre vom Sein, von den Ordnungs-, Begriffs- und Wesensbestimmungen des Seienden
Orthodoxie	1. Rechtgläubigkeit; theologische Richtung, die das Erbe der reinen Lehre (z. B. Luthers od. Calvins) zu wahren sucht (bes. in der Zeit nach der Reformation). 2. (engstirniges) Festhalten an Lehrmeinungen
Paradigma	Beispiel, Vorbild
Paränese	Ermahnungsschrift od. -rede, Mahnpredigt
pathologisch	krankhaft (verändert)
patriarchalisch	altväterlich, nach Altväterweise
Perversion	krankhafte Abweichung vom Normalen, bes. in sexueller Hinsicht
Phänomenologie	streng objektive Aufzeichnung u. Beschreibung des Gegebenen, der Phänomene
Physiologie	Wissenschaft von den Grundlagen des allgemeinen Lebensgeschehens, bes. von den normalen Lebensvorgängen u. Funktionen des menschlichen Organismus
Polytheismus	Vielgötterei
Postulat	1. unbedingte Forderung. 2. sachlich oder denkerisch notwendige Annahme
Prämisse	Voraussetzung
Priorität	Vorrecht, Vorrang, Vorzug
profan	weltlich, unkirchlich; ungeweiht, unheilig
Psychologie	1. Wissenschaft von den Erscheinungen und Zuständen des bewußten und unbewußten Seelenlebens. 2. einer inneren Gesetzmäßigkeit entsprechende Verhaltens-, Reaktionsweise
Psychomotorik	das sich nach psychischen Gesetzen vollziehende Bewegungsleben, in dem sich ein bestimmter normaler od. pathologischer Geisteszustand der Persönlichkeit ausdrückt

Psychotherapie	1. Wissenschaft von der Behandlung psychischer u. körperlicher Erkrankungen durch systematische Beeinflussung (z. B. Suggestion, Hypnose, Psychoanalyse des Seelenlebens). 2. psychotherapeutische Behandlung
räsonieren	vernünftig reden, Schlüsse ziehen
Rationalismus	Geisteshaltung, die das vernünftige Denken als einzige Erkenntnisquelle ansieht
Regulativ	a) regelnde Verfügung, Vorschrift, Verordnung; b) steuerndes, ausgleichendes Element
Repräsentanz	Vertretung einer (Personen)menge nach Beschaffenheit und Zusammensetzung
Rigorismus	unbeugsames, starres Festhalten an Grundsätzen
sakral	heilig, den Gottesdienst betreffend
säkular	weltlich
Sanktion	Bestätigung, Anerkennung
Satisfaktion	Genugtuung
Scholastik	die auf die antike Philosophie gestützte, christliche Dogmen verarbeitende Philosophie u. Theologie des Mittelalters
selektiv	auf Auswahl, Auslese beruhend; auswählend
signifikant	wichtig, bedeutsam
Sozietät	Genossenschaft
spiritualisieren	vergeistigen
Sterilisation	Unfruchtbarmachung
Synkretismus	Vermischung verschiedener Religionen, Konfessionen od. philosophischer Lehren
Synthese	Zusammenfügung, Verknüpfung
Theokratie	Herrschaftsform, bei der die Staatsgewalt allein religiös legitimiert wird (Statthalterschaft für Gott), aber . . . nicht von Priestern ausgeübt zu werden braucht
Therapie	Kranken-, Heilbehandlung
Thora	die fünf Bücher Mosis, das mosaische Gesetz
transzendieren	über einen Bereich hinaus in einen anderen (hin)übergehen

Typologie	Lehre von der Vorbildlichkeit alttestamentlicher Personen u. Ereignisse für das Neue Testament u. die christliche Kirche (z. B. Adam im Verhältnis zu Christus)

Bibelstellenregister

Sach- und Namenregister

Psychologie contra Seelsorge?

Hilfestellung
für die
christliche
Gemeinde

von
Prof. Dr. Michael
Dieterich

Stehen die Vorgehensweisen der Psychologie denen der Bibel wirklich diametral entgegen? Welche Hilfen bietet die Erziehungswissenschaft für den christlichen Erzieher? Dieterich, Psychologie-Professor an der Hamburger Universität, trägt zur Klärung dieser Fragen bei. Er verbindet eine »psychologische Außenschau« (qualifizierte Aussagen über den aktuellen Stand der wissenschaftlichen psychologischen Forschung) mit einer »theologischen Innenschau« (einer Prüfung und Wertung aus christlicher Sicht). Daraus ist ein praktisches Handbuch für Familie, Schule und Gemeinde entstanden. Berater und Betroffene werden gleichermaßen davon profitieren.

Leseprobe aus »Psychologie contra Seelsorge?« von Michael Dieterich

---

KAPITEL 6

Psychotherapie contra Seelsorge?

Seit die Tiefenpsychologie zu Beginn unseres Jahrhunderts ihren Siegeszug durch die westliche Hemisphäre angetreten hat, kommt es immer wieder zu Differenzen zwischen Theologen und Psychotherapeuten. Beide haben Menschen mit Problemen zu beraten. Beide treiben, wenn man diesen Begriff einmal sehr weit faßt, »Seelsorge«. Von psychotherapeutischer Seite her gesehen gibt es mittlerweile bereits eine (negative) Beschreibung für seelische Erkrankungen einzelner Christen: die sog. »ekklesiogene Neurose«. Dies wiederum hat dazu geführt, daß manche Seelsorger meinen, auf die Erkenntnisse der Psychotherapie vollkommen verzichten zu müssen. Kurz gesagt: Zumeist stehen sich die beiden »Helferberufe« mit harten Positionen kontrovers gegenüber.

»Helferberufe« konkurrieren miteinander

Im Rahmen der »Pastoralpsychologie« wird von theologischer Seite versucht, die Differenzen auszugleichen. Oftmals jedoch zu Lasten des theologischen Ansatzes.

Wie können bzw. müssen nun Christen die Ergebnisse der psychotherapeutischen Heilungsprozesse beurteilen? Sicherlich nicht so, daß sie die gesamte Psychotherapie – wie dies immer wieder geschieht – in Bausch und Bogen verdammen. Denn sie hat nachweisbare Erfolge, die aufgrund sauber erarbeiteter Therapien erzielt wurden.

Im Rahmen der »psychologischen Außenschau« soll im folgenden eine kurze Zusammenfassung der psychotherapeutischen Vorgehensweise gegeben werden. Daran anschließend kann in der »theologischen Innenschau« der Versuch unternommen werden, Hilfen für den therapeutisch arbeitenden Seelsorger zu geben.

Wie sind die Ergebnisse der Psychotherapie zu bewerten?

Das Heilen von körperlichen und seelischen Beschwerden (die ja in einem untrennbaren Zusammenhang miteinander stehen) kann mit den verschiedensten Methoden erfolgen. Und gerade diese Vielfältigkeit zeigt den großen Unterschied zur theologischen Frage nach der Heilung bzw. dem »Heil« auf: In der Bibel gibt es nur *einen* Weg zum Heil, den Weg über Jesus Christus (Apg 4,12).

Ergebnisse der Psychologie sind immer vorläufig: keine Schule kann »Richtigkeit« beanspruchen

Die Psychologie ist eine empirisch arbeitende Wissenschaft. Hier werden Hypothesen aufgestellt, die sich an der Wirklichkeit bewähren müssen und deren Ergebnisse immer mit den durch die statistische Überprüfung verursachten Ungenauigkeiten behaftet sind. Es gibt also in der Psychologie nur vorläufige Ergebnisse und keine »endgültigen Wahrheiten«, wie dies bei den Aussagen der Bibel der Fall ist. Weder die Anhänger der Verhaltenstherapie noch die der Gesprächspsychotherapie und auch keine der anderen großen »Schulen« kann demnach sagen, daß ihre Vorgehensweise die »absolut richtige« sei.

Gemeinsamkeiten bei Psychotherapie und Seelsorge

Der Psychotherapeut und der Seelsorger haben in vielen Fällen eine gemeinsame Strategie für ihr Vorgehen – auch wenn sie sich, wie zuvor beschrieben, in ihren theoretischen Hintergründen unterscheiden. Dieses gemeinsame Vorgehen läßt sich, in der psychologischen Fachsprache, wie folgt beschreiben:

Anamnese, Ätiologie und Therapie gehören zusammen

1. Zuerst wird eine *Anamnese* durchgeführt, d. h. die Umstände des Falles ins Gedächtnis zurückgerufen.
2. Danach wird nach der *Ätiologie*, d. h. nach der Ursachengeschichte der Krankheit bzw. des unerwünschten Verhaltens, gefragt.
3. Darauf aufbauend wird schließlich die *Therapie* eingeleitet.

Anamnese

Die Vertreter der Gestaltpsychologie und auch die modernen Denkpsychologen konnten zeigen, daß die Menschen die Tendenz haben, nur das zu behalten, was in ihren Denkrahmen paßt. So spricht z. B. Piaget von einem Harmonisierungsbestreben bzw. einem Ordnungsprinzip des Denkens. Damit ist gemeint, daß wir als Menschen Dinge, die wir nicht verstehen, die nicht in unseren Denkhorizont passen, einzuebnen versuchen. Krummes wird gerade gemacht. Unvollkommenes ergänzt. Das bereits im vorangegangenen Kapitel beschriebene »kognitive Filter« ist auch eine Folge dieses Prozes-

Weil alle Menschen subjektiv wahrnehmen, muß das Umfeld beobachtet werden

ses. Eine Reihe von Untersuchungen zur Veränderung von Verhaltenseinstellungen hat gezeigt, daß jeder Mensch sein individuelles »Aufnahmeraster« entwickelt. Tatsachen, die nicht in dieses Raster passen, werden in der Regel auch nicht im Gedächtnis gespeichert. So kann es sehr gut sein, daß ein an Schlafstörungen leidender Patient gar nicht erkennt oder wahrhaben will, daß z. B. seine abendlichen Eßgewohnheiten oder sein Freizeitverhalten hierfür mitverantwortlich sind.

Schon dieses einfache Beispiel zeigt, daß es notwendig ist, eine Anamnese zu erstellen, d. h. ins Gedächtnis zurückzurufen, unter welchen begleitenden Umständen sich das unerwünschte Verhalten immer wieder zeigt. Grundlage einer so verstandenen Anamnese ist die in diesem Buch immer wieder vorgetragene Annahme, daß alles was wir tun (bzw. auch nicht tun) in einem größeren Zusammenhang zu sehen ist. Es gibt im menschlichen Verhalten kaum »Zufälle«. Und Geist, Seele und Leib sind nicht trennbar, sie bedingen sich gegenseitig.

Für die Praxis heißt dies, daß zu erkunden ist, unter welchen Umständen das unerwünschte Verhalten (der unerwünschte »Zustand«, »das Problem« usw.) auftritt. Dies bedeutet in den meisten Fällen ganz einfach, daß ein Protokoll geführt und alles, was mit diesem Verhalten zu tun hat, aufgeschrieben wird. Auch scheinbar Unwichtiges sollte in das Protokoll aufgenommen werden. Es ist bei dieser Art des Protokollierens (noch) nicht wichtig, auf Zusammenhänge zu achten bzw. »Gesetzmäßigkeiten« zu finden. Es genügt ganz ein-

Protokoll führen

fach, aufzuschreiben. Dabei kann es hilfreich sein, wenn die folgenden Fragen gestellt werden:

- *Wann* ist das Verhalten erstmalig aufgetreten bzw. wann tritt es immer wieder auf? (Frage nach der Zeit)
- *Wo* hat sich das Verhalten gezeigt bzw. zeigt sich immer wieder? (Frage nach dem Ort)
- *Wer* war (bzw. ist) dabei? (Frage nach den Personen)
- *Was* ist für das Verhalten typisch? (Frage nach den Umständen, Beschreibung)

Mit den Antworten auf diese Fragen werden die begleitenden Umstände herausgearbeitet, denn diese sind ja in vielen Fällen für das unerwünschte Verhalten verantwortlich.

Ätiologie

Menschliches Verhalten ist nicht zufällig

Jedes menschliche Verhalten – ob erwünscht oder unerwünscht – zeigt sich nicht nur in seinem Umfeld und ist damit durch die Anamnese zu beschreiben, sondern hat auch seine Ursachengeschichte, seine Ätiologie. Für den glaubenden Christen gibt es keine Zufälligkeiten– wie schon weiter oben beschrieben, aber auch nicht im Denkhorizont des Psychotherapeuten. Vergangenheit und Gegenwart sind miteinander untrennbar verwoben.

Ist das Gewicht der ätiologischen Fragen gerechtfertigt?

Ätiologische Fragestellungen nehmen in der gegenwärtigen Seelsorgepraxis einen bedeutenden Platz ein. Aber ist dieser Stellenwert auch theologisch abgesichert? Es könnte ja sein, daß man den Fragen nach den Ursachen nur deshalb so große Bedeutung beimißt, weil es eben »modisch« ist, so zu fragen. Es ist daher äußerst wichtig, zu wissen, daß die Fragen nach den Ursachen überwiegend durch das tiefenpsychologische Denken – das ohne Zweifel unseren westlichen Kulturkreis in diesem Jahrhundert geprägt hat – verursacht wurden. Dies würde dann aber bedeuten, daß Theologen, die sich in ihrer Seelsorgepraxis so intensiv der Ätiologie widmen, nicht biblisch vorgehen, sondern einem säkularen Denkmuster »auf den Leim gegangen« sind. Ich möchte hier nicht in ein klassisches »Schwarzweißdenken« verfallen, denn wie schon weiter oben angeführt, ist unsere Vergangenheit mit der Gegenwart untrennbar verwoben. Aber ist diese Verbindung so eng, oder anders formuliert so kausal, wie immer wieder behauptet wird?

Zu überprüfen sind dabei so häufig in Seelsorge und Psychotherapie vorkommende Fragen wie:

Fragen aus der Vergangenheit

- »Muß ein Fehlverhalten der Eltern in der frühen Kindheit, das sichtlich Folgen im Erwachsenenalter zeigt, in allen Fällen aufgeklärt werden?«
- »Wie weit muß man bei der Herkunftsgeschichte eines Problemes zurückgehen? Eventuell sogar bis in die Zeit vor der Geburt?«
- »Haben seelische Krankheiten fast ausschließlich frühkindliche Ursachen?«
- »Haben Träume einen Zusammenhang mit ungelösten Problemen der Vergangenheit?«
- »Entstehen seelische Krankheiten durch Verdrängung ungelöster Probleme der Vergangenheit?«
usw.

Auch solche Leser, die sich nur wenig mit psychologischen Problemen beschäftigt haben, kennen diese und ähnliche – in die Vergangenheit gerichtete – Fragen und können sie leicht mit der Tiefenpsychologie S. Freuds in Verbindung bringen.

Auf die Gefahr hin, daß dies von den Anhängern der Freudschen Psychoanalyse als »Widerstandsbildung« deklariert wird, und auch mit dem Risiko, daß manchen Theologen, die hierauf ihre Seelsorge aufgebaut haben, die Arbeitsgrundlage entzogen werden könnte, sollen nun im folgenden einige kritische Anmerkungen zur Freudschen Psychoanalyse gemacht werden.

Freud kritisch betrachtet

1. Obwohl dies von Freud ursprünglich anders geplant war, hat die Psychoanalyse in den vergangenen Jahrzehnten zunehmend den Kontakt zur wissenschaftlichen Psychologie verloren. Sie ist zu einer Glaubensangelegenheit oder besser zu einer Ideologie geworden.

Psychoanalyse wissenschaftlich kaum prüfbar

2. Sie läßt sich auf dem in der wissenschaftlichen Psychologie üblichen Wege der empirischen Überprüfung nicht untersuchen – und damit auch nicht widerlegen. Hierzu müßten die Hypothesen so angelegt sein, daß sie grundsätzlich widerlegbar sind. Die Anhänger der Psychoanalyse haben statt dessen für jeden, der eine Widerlegung versucht, eine interessante Erklärung: Wer sich gegen die Lehrmeinung

stellt, wird der »Reaktionsbildung« bezichtigt!

Sexuelle Triebkräfte reichen zur Erklärung menschlichen Verhaltens nicht aus

3. Mit dem Modell eines Wesens, dessen Verhalten überwiegend von sexuellen Triebkräften bestimmt ist, können die feingesponnenen Handlungen des Menschen nicht hinreichend erklärt werden. Durch eine Dampfmaschine, bei der das ES (die brodelnden Triebe) dem Kessel, das ICH (die Handlungen) Kolben und Zylinder und das ÜBERICH (das Gewissen) dem Schieber entspricht, kann ein Mensch nicht korrekt bestimmt werden. Neuere Untersuchungen haben deutlich gezeigt, daß Kognition und Motivation eine wesentlich bedeutendere Rolle als die sogenannten »Triebe« darstellen bzw. zumindest mit diesen in sehr differenzierter Form zusammenwirken – wobei das Ganze dann mehr ist als die Summe seiner Teile.

4. Gegen die Überbetonung der Sexualität als mächtigstem Trieb wurde in den vergangenen Jahrzehnten wiederholt angegangen. Bekanntlich ist diese Einseitigkeit auf dem soziokulturellen Hintergrund der Wiener Gesellschaft, in der Freud um die Jahrhundertwende lebte, erklärbar. Aber auch der von Freud im Jahre 1920 neu erkannte »Todestrieb« (der seine Eindrücke während des 1. Weltkrieges widerspiegelte) reicht nicht aus, um die komplexe Persönlichkeitsstruktur des Menschen aufzuschlüsseln.